Uwe Rada

Siehdichum

Annäherungen an eine brandenburgische Landschaft

Mit Fotografien von Inka Schwand

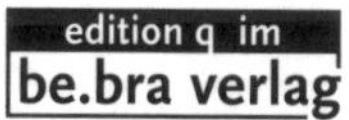

Für meine Frau Inka Schwand, mit der ich ins Schlaubetal gezogen bin, und für Diana Baesler, die uns hier ankommen ließ.

Bibliografische Information der Deutschen Nationalbibliothek
Die Deutsche Nationalbibliothek verzeichnet diese Publikation in der Deutschen Nationalbibliografie; detaillierte bibliografische Daten sind im Internet über http://dnb.d-nb.de abrufbar.

2. Auflage

Berlin-Brandenburg, 2022
KulturBrauerei Haus 2
Schönhauser Allee 37, 10435 Berlin
post@bebraverlag.de
Lektorat: Ingrid Kirschey-Feix, Berlin
Umschlag und Satz: typegerecht berlin
(Titelfoto: Forsthaus Siehdichum / © Thomas Kühl, Müllrose)
Schrift: Cambria 10/13 pt
Druck und Bindung: Finidr, Český Těšín
ISBN 978-3-86124-742-5

www.bebraverlag.de

INHALT

Mit dem Namen Siehdichum haben die Mönche des Klosters Neuzelle nicht nur den schönsten und wildesten Ort des Schlaubetals gewürdigt, sondern der Nachwelt auch ein Vermächtnis hinterlassen. Siehdichum ist eine Aufforderung, die Sinne zu schärfen, die Landschaft mit eigenen Augen zu sehen und zu beschreiben, ohne dabei zu vergessen, warum sie so geworden ist. Siehdichum heißt aber auch: Bleib nicht stehen, mache dich auf den Weg, begib dich selbst auf die Suche nach anderen Orten, die diesen Namen verdienen.

Mein Siehdichum ist deshalb realer Ort und Imagination zugleich, ästhetischer Imperativ und Platzhalter für eine weitgehend unbekannte Region im toten Winkel zwischen Mark und Niederlausitz. Als Sehschule macht Siehdichum neugierig auf das Verhältnis von Landschaft und Geschichte, Metropole und Provinz, Mensch und Wald. Und es öffnet den Blick für eine ganz neue Sicht auf eine Region, die bislang noch nicht einmal einen Namen hatte.

TORFSTICHE

Grunow

Meine erste Begegnung mit den Torfstichen hatte ich, bevor ich wusste, dass es die Torfstiche waren. Es war an einem Nachmittag Ende August. Über dem Feld stand die Abendsonne und tauchte die gelb blühenden Senfhalme samt dem Waldsaum dahinter in ein mildes Licht. Wir gingen am Feldrand entlang und kletterten durch eine Senke, durch die einmal die alte Bahnstrecke von Frankfurt nach Cottbus führte. Um zur Niederung der Oelse zu gelangen, deren Namen ich erst einige Tage zuvor zum ersten Mal gehört hatte, mussten wir uns durch dichte Brombeerbüsche und das Unterholz schlagen, dann standen wir vor einem See. Eine Tarkowski-Landschaft, dachte ich augenblicklich, einen anderen Vergleich hatte ich nicht zur Hand. Wäre *Stalker,* der Film des sowjetischen Regisseurs Andrej Tarkowski, nicht an der Pirita bei Tallinn, sondern in Brandenburg gedreht worden, müsste er genau an dieser Stelle spielen.

Vor uns breitete sich eine Landschaft aus, geheimnisvoll, schweigsam und fast gespenstisch unberührt. In die Mitte des schmalen Sees ragte von Norden eine Landzunge, bestanden mit Totholz, die Erlenstämme steckten in kleinen Grüppchen im Sumpf, über ihnen übten Kraniche den Flug in den Süden. Kahle, astlose Stämme, die sich im Wasser spiegelten und etwas Unheimliches ausstrahlten als ob sie zur unbewohnten Zone unseres Bewusstseins gehörten. Ich versuchte zu fotografieren, was ich sah, und wusste doch, dass es mir nicht gelingen würde. Wie fotografiert man eine Tarkowski-Landschaft?

Auch am Ufer gegenüber, hinter der Halbinsel, standen die Erlen wie Bleistifte ins Wasser gesteckt, als hätten sie sich versammelt zu einem Totengebet. Der See, das konnte ich an der kleinen Sandbucht sehen, die die Brombeersträucher freigegeben hatten, streckte sich von Norden nach Süden, wo er bald zu Ende war und in ein Niedermoor überging. Nach Norden hin sah ich kein Ende, je weiter wir gingen, desto unzugänglicher wurde das Unterholz, das Dickicht schloss sich, kein Weg, der weiterführte, nicht einmal ein Trampelpfad.

Das Wasser des Sees, den die Oelse an dieser Stelle bildete, sah trübe aus, kein Ort zum Abbaden. Vor dem Ufer vereinzelte Büschel von Seggen, ich konnte nicht erkennen, wie tief das Wasser reichte. Die Oelse, das hatte ich der Karte entnommen, die seit ein paar Tagen in unserer Küche hing, entspringt dem Möschensee, fließt durch den Chossewitzer See, speiste vor Zeiten einige Mühlen, die längst nicht mehr in Betrieb sind, und mündet schließlich, da hat sie die Tarkowski-Landschaft längst verlassen, bei Beeskow in die Spree. Das Wasser, vor dem wir standen, würde also irgendwann durch Berlin und weiter dann über die Elbe und Hamburg in die Nordsee fließen.

Aber Hamburg und die Nordsee waren an diesem Nachmittag Ende August weit entfernt. Eher hatte ich das Gefühl, an einem Ort zu sein, an dem die Zeit nicht nur stillstand. Vielleicht war auch ich in eine andere Zeitzone geraten. Das Wasser zu unseren Füßen regte sich kaum, nur bei einem Windstoß kräuselte sich die Oberfläche. Die Kraniche zogen längs des Sees und zwei Schwäne, die an seinem Ende waghalsige Landungen veranstalteten. Trotz ihres Lärms lag über dieser unwirklichen Landschaft eine unwirkliche Stille. Kam diese Stille aus mir?

Als ich einige Tage später wieder an diesen Ort zurückkehren wollte, fragte unsere Nachbarin: Du gehst zu den Torfstichen? Nein, antwortete ich etwas verunsichert, ich will noch einmal hinunter zu dieser wilden Landschaft an der Oelse und zu diesem See. Das sind ehemalige Torfstiche, lächelte die Nachbarin, früher haben sie dort Torf abgebaut, zur Bodenverbesserung. Nur war der Torf sauer und musste mit Kalk abgebunden werden. Ich nickte. Später entdeckte ich, dass das Gebiet als jüngstes Naturschutzgebiet in Brandenburg ausgewiesen worden war. Die Tarkowski-Landschaft, die ich entdeckt hatte, hatte einen amtlichen Namen: »Oelseniederung mit Torfstichen«.

Eine Zeitlang ging ich dann nicht mehr zu den Torfstichen. Wollte die erste Begegnung mit der Landschaft, die mich seit diesem Augusttag beheimatet, nicht verblassen lassen durch ein Übermaß an Wiederholung. Wollte den Zauber der Landschaft nicht unnötig strapazieren. Wollte mich dem See, den ich entdeckt hatte, auch nicht von Westen her nähern, dort wo die Bleistifterlen ihr Totengebet halten. Auf den Karten sind dort seltsame Waben eingezeichnet. Zelte oder Tarnnetze, schien es uns, als wir in den Tagen unserer Ankunft bei *Google Maps* nachschauten. Tatsächlich ist es ein Munitionsdepot der Bundeswehr. Zunächst hat uns das noch beunruhigt. Mit der Zeit haben wir es ausgeblendet. Es ist hinter der unwirklichen Landschaft an der Oelseniederung, weit weg, auf der gegenüberliegenden Seite.

Vielleicht wollte ich auch nicht mehr zu den Torfstichen, weil auf dem Weg dorthin ein scharfer Hund mit wütendem Gebell den Gartenzaun entlang hetzt. Es ist ein schöner Weg, bequemer als der über den Feldrand, den wir damals gegangen waren. Gleich hinter dem Grundstück mit dem Hund geht es auf einem mit alten Feldsteinen gepflasterten Weg über eine Brücke, unter der die Eisenbahn zwischen Frankfurt und Beeskow und weiter nach Königs Wusterhausen verkehrt. Auch das alte Bahnhaus, in dem wir wohnen, kann man von der Brücke aus sehen. Im Abendrot leuchten die Ziegel, und hinter dem Fachwerkgiebel beginnt eine Weite, die ich seitdem nicht mehr missen mag. Hinter den Wäldern, die ich von der Bahnbrücke besser überblicken kann als von unserem Garten, liegen Mixdorf und Siehdichum, dahinter Müllrose, wo die Schlaube einst scharf nach rechts bog und schließlich vor Frankfurt in die Oder mündete.

Von der Bahnbrücke war es noch eine Viertelstunde bis zur Oelse, daran erinnerte ich mich, als ich vor kurzem den Weg wieder ging, trotz des scharfen Hundes mit seinem Drohgebaren. Zuvor war ich Johannes Brisch und seiner Frau Brigitte begegnet, die mir erzählten, was es mit meiner Tarkowski-Landschaft auf sich hat. Johannes Brisch, Jahrgang 1936, arbeitete wie sein Vater Max in der LPG Pflanzenproduktion Schlaubetal, die ihren Sitz in Grunow hatte. Von seinem Vater hatte er erfahren, wie vor dem Krieg Torf abgebaut wurde, allerdings auf der westlich gelegenen »Schneeberger Seite« der Oelse, nicht auf der östlichen, unserer »Grunower Seite«. »Der Torf wurde noch mit dem Spaten gestochen und dann mit Loren zu Sammelstellen gefahren«, sagt Johannes Brisch. Damals war mit dem Torf, diesem über Hunderte von Jahren entstandenen pflanzlichen Substrat, noch geheizt worden.

In den sechziger Jahren kamen dann nicht mehr die Schneeberger oder die Beeskower mit dem Spaten, sondern die Grunower mit dem Bagger. »Vor allem im Winter, wenn es auf den Feldern nichts zu tun gab, sind wir runter an die Oelse«, erinnert sich Johannes Brisch. »Weil es da etwas sumpfig war, haben wir Betonplatten ausgelegt, damit die Bagger nicht absaufen. Den Torf haben wir auf die Felder gefahren und den Stallmist dazu gemischt.«

Erst in dieser Zeit ist der See entstanden, den ich bei meiner ersten Begegnung mit den Torfstichen entdeckt hatte. Die geheimnisvolle, schweigsame und fast gespenstisch unberührte Landschaft ist von Menschenhand gemacht. Mein Auge hatte mir eine Falle gestellt. Es sollte nicht die letzte sein bei meinen Streifzügen durch die Region um Siehdichum.

Mit der Wende endete dann die Geschichte des Torfabbaus in Grunow. Auf der Schneeberger Seite aber ging die Geschichte weiter, weiß Brigitte Brisch. »Wo heute das Munitionsdepot der Bundeswehr ist, war zu DDR-Zeiten das Depot der Nationalen Volksarmee. 1969/70 wurde es gebaut, ein Jahr später habe ich angefangen dort zu arbeiten, da stand schon ein Teil von den Baracken. Und die Bunker standen auch alle schon.« Unterirdische Bunker, betont sie.

Die damals 27-Jährige arbeitete in der Küche des Munitionsdepots. »Die Soldaten mussten ja was essen, und manchmal hatte ich auch Sonnabend und Sonntag Schicht. Da ist der Bus nicht gefahren, der uns sonst immer nach Beeskow oder Grunow brachte. Da sind wir mit dem Fahrrad immer einen Schleichweg gefahren. Wo man heute nach Beeskow fährt, ging auf der linken Seite ein Weg rein. Dann sind wir am Bahndamm lang gefahren. Da hat der Otto ein Stück Wiese gehabt, auch ein paar Karnickel. Heu hat er da auch gemacht. Immer, wenn wir bei ihm lang gefahren sind, haben wir wahrscheinlich sein Gras plattgedrückt. Deshalb hat er uns Reißzwecken hingepackt. Wir mussten unser Fahrrad dann übern Bahndamm rübermachen, und da sind wir denn rausgekommen an dem Tor, wo der Zug immer reingefahren ist. Am Eisenbahntor.«

Das Munitionsdepot der Nationalen Volksarmee hatte einen Anschluss an die Bahnstrecke Grunow-Beeskow. Und alles war streng geheim. »Früher wusste keiner, was da war, da haben wir immer gesagt, das ist eine Schokoladenfabrik.«

Einmal, erinnert sich Brigitte Brisch, wurde sie nachts geweckt und zum Depot geholt. »Ein Jagdflugzeug war abgestürzt. Der Lehrausbilder und der Stift kamen ums Leben. Das können Sie noch heute sehen, wenn Sie nach Beeskow fahren, links von der Straße aus gesehen sieht man das, da ist ein kleines Wäldchen, da ist das Flugzeug abgestürzt. Ein kleines bisschen weiter wäre es, auf Deutsch gesagt, auf der Munition gelandet.«

Die Nacht damals wird Brigitte Brisch nicht vergessen. »Wir mussten den Soldaten Tee und Bockwurst bringen, auch von Marxwalde waren sie gekommen. Die haben mit einer kleinen Harke den Wald geharkt. Bis sie vom Flugzeugführer und Stift alles gefunden haben. Der Kopf mit dem Helm hing in den Bäumen. Ich sag dann, neugierig war ich ja schon immer gewesen, Jungs, schmeckt euch die Bockwurst, könnt ihr das hier essen? Da sagt einer: Das sehen wir alle Tage.«

Ein paar Tage, nachdem mir die Brischs ihre Geschichten erzählt haben, bin ich also vorbei am scharfen Hund, über die gepflasterte Bahnbrücke, von der ich unser Haus sehen kann und die Wälder, die bis Müllrose reichen, weiter auf dem Forstweg, an dem mich, als sei ich nie fort gewesen, links die Robinien und rechts die Kiefern grüßten, kam dann endlich hinunter zur Niederung und kämpfte mich durch das dichte Brombeergestrüpp zur kleinen Sandbucht.

Es war alles noch da. Auf der Landzunge und dahinter hielten die kahlen, astlosen Erlen noch immer ihr Totengebet, auch ein Schwan zog über mich hinweg. Das Wasser der Oelse war noch immer trüb, ich wusste nun auch, dass sich das nicht mehr ändern würde und warum. Eine geschundene Landschaft, dachte ich, und ich war auf sie hereingefallen. An Tarkowski dachte ich nun nicht mehr. Dennoch werde ich wiederkommen.

AM BAHNHOF

Grunow

Wo ist das eigentlich, das Ankommen? Und wie ist es zu beschreiben? Ist es ein Ort, vom dem man ausschwärmt in die Umgebung, um dann wieder zurückzukehren und am Abend beim Glas Wein im Garten oder an der Feuerschale von der wilden Landschaft an den Torfstichen, der Wasserscheide zwischen Nord- und Ostsee oder dem Jagdhaus in Siehdichum zu berichten? Von der Landschaft, die ich mir langsam zusammenpuzzeln muss, vom Neuzelle der Mönche, den Heidereitern in Dammendorf und den Ordensrittern in Friedland, den sorbischen Predigern in Lieberose, den Schmugglern an der ehemaligen märkisch-sächsischen Grenze. Aber wie groß ist der Radius, den man ziehen darf, um das Ankommen nicht zu strapazieren? Wird es, wenn die Streifzüge zu weit in entlegenes Gelände führen, seine Anziehungskraft verlieren, schwebt über allem auch die Drohung des Fortgehens?

Oder ist es genau andersherum? So wie bei einer Liebe, deren Geheimnis nicht auf einem Versprechen beruht, sondern auf dem innigen Gefühl der Verbundenheit und Vertrautheit, das ein Wiedersehen hervorruft? Ich komme wieder, weil ich es will und nicht, weil es von mir erwartet wird?

Oft stellen sich solche Fragen in ihrer sanften Hartnäckigkeit an Bahnhöfen. Bahnhöfe, und seien es nur die Haltepunkte einer Regionalbahn, sind, so würden es Geografen sagen, die Schnittstellen zwischen den *Spaces of place* und den *Spaces of flow*. Das Bahnhofsgebäude und der Bahnsteig sind als Orte unverrückbar und im Liegenschaftskataster eingezeichnet. Der Zug hingegen, in den man einsteigt, lässt diese Orte binnen kurzer Zeit verschwinden – oder aber er steigert, wenn man nicht abfährt, sondern zurückkehrt, die Vorfreude auf das Ankommen.

So habe ich es immer wieder erlebt. Wenn ich in die Regionalbahn der Linie 36 steige, ein kleiner, wenn auch moderner Dieseltriebwagen in gewöhnungsbedürftigem Blauweißgold, der von der Niederbarnimer Eisenbahn betrieben wird, dauert es zwar ein wenig, bis mich die vertraute Umgebung des Bahnhofs ins Unbestimmte des Raums entlässt. Spätestens in Frankfurt (Oder) aber, nach 25 Minuten Fahrt durch ausgedehnte Robinien- und Kiefernwälder, habe ich Anschluss an die Welt, kann umsteigen auf den RE1 nach Berlin oder den Eurocity nach Warschau.

Manchmal steht auf dem Bahnsteig, an dem die Regionalbahn ankommt, auch ein Zug nach Moskau zum Einstieg bereit. Er ist ein untrügliches Zeichen dafür, dass ich auf dem *Metropolitan Corridor* angekommen bin, den der einst an der Viadrina lehrende Osteuropahistoriker Karl Schlögel beschrieben hat. Dieser Korridor, meint Schlögel, »ist ein Raum verdichteter Bewegung, mit Staus und Knotenpunkten. Die Städte, die im Metropolitan Corridor liegen, haben mehr miteinander zu tun als mit den Provinzen, die sie umgeben. Im Korridor herrscht CNN-Zeit. Sie ist in Moskau nicht anders als in Warschau oder Berlin.«

Meistens denke ich in Frankfurt aber nicht an Moskau oder Warschau, eher frage ich mich, ob ich in der Bahnhofshalle noch einen Kaffee hole, denn der Regionalexpress nach Berlin fährt erst eine Viertelstunde später ab. Auch dann geht es zunächst über Felder und Wälder und Orte, die heißen Hangelsberg oder Fangschleuse. Erst in Erkner wird es voller im Zug, nun ist die Entfernung erreicht, in der die Pendler ihren Radius gezogen haben. Bin ich auch einer von ihnen, nur dass ich von weiter herkomme? Oder bin ich nur ein Gelegenheitsfahrer, der nicht täglich in die Stadt muss, weil es seit Corona ein neues Zauberwort gibt: *Homeoffice*.

Und dann kommt, unerwartet, dieser Moment, in dem sich alle Fragen auf einmal stellen. Kurz hinter der Jannowitzbrücke, wo sich der Regionalexpress von einer Kurve in die andere legt und den Blick freigibt auf die Spree und den Fernsehturm, kündigt die Lautsprecherstimme an: Wir erreichen nun Berlin-Alexanderplatz. In diesem Moment bin ich nicht mehr der, der 35 Jahre ausschließlich in Berlin gelebt hat. Vielmehr werde ich zu einem, der die Stadt plötzlich von außen sieht, der sich überfordert fühlt, wenn er Berlin-Alexanderplatz hört, weil diese beiden Wörter aufgeladen sind mit all dem, was den Mythos dieser Stadt ausmacht: Literatur, Architektur, Tempo, friedliche Revolution. Wer bin ich, der sich in diesen mythischen Raum hineinbegibt, denn ein *Space of place*, ein bloßer Ort, ist der Alexanderplatz nur für die, die bei *Galeria Kaufhof* arbeiten?

Ganz anders fühle ich mich, wenn ich von Berlin nach Grunow fahre. Schon auf dem Bahnsteig an der Friedrichstraße spüre ich, wie der Atem langsamer geht, ich muss mir keine Sorgen mehr um meinen Platz in der Stadt machen. Der Regionalexpress wird mich wieder hinausbringen, erst nach Frankfurt und dann an den Ort, von dem ich aufgebrochen war vor ein paar Tagen. In knapp zwei Stunden werde ich in Grunow aus der Regionalbahn steigen, gut möglich, dass mich meine Frau abholt oder Moritz, unser Kater, der nur die Abende bei uns verbringt. Als wir einmal vom Grunower Bahnhof in den Urlaub aufgebrochen sind, hat er uns zum Bahnsteig begleitet. Es war einer der wehmütigsten Abschiede, die ich erlebt habe.

Wenn mich niemand abholt, bleibe ich erst einmal auf dem Bahnsteig stehen. Lasse den blauweißgoldenen Zug vorfahren, beobachte, wie er die Bundesstraße überquert und leicht geneigt in einer Rechtskurve in den Wald entschwindet. Erst dann gehe ich los. Sehe den Sternenhimmel über mir oder schmecke den Frühling, biege ein aufs Grundstück, schaue in den Garten, setze mich einen Moment. Ich bin wieder angekommen und nichts, denke ich, deutet darauf hin, dass ich je weg gewesen war.

Ging es den Bewohnern unseres Hauses vor hundert Jahren ähnlich? Oder vor knapp 150 Jahren, als die Bahnstrecke von Cottbus nach Frankfurt (Oder) in Betrieb genommen wurde? Am 1. Januar 1877 wurde die Strecke feierlich eröffnet. Weil damals schon die Verbindung zwischen Cottbus und Dresden bestand, konnte man von Grunow nun ohne Umsteigen ins sächsische Elbflorenz fahren und in der Gegenrichtung nach Frankfurt (Oder). Der erste Tageszug von Frankfurt startete um 4.15 Uhr und kam um 8.55 Uhr in Dresden an. Etwas mehr als viereinhalb Stunden von der Oder an die Elbe. Die Fahrpreise betrugen in der 2. Klasse 10 Mark, und in der 3. Klasse 6.50 Mark.

Ein Bahnhofsgebäude gab es damals in Grunow nicht, das wurde erst 1888 eingeweiht, ein Jahr später kam ein Erweiterungsbau dazu. Wenige Jahre vor dem Ersten Weltkrieg musste der Bahnhof dann umbenannt werden. Die Königliche Eisenbahndirektion Halle/Saale hatte am 1. Oktober 1908 mitgeteilt, dass der Stationsname Grunow geändert werden müsse, weil beim Neubau der Strecke von Topper nach Meseritz in der Eisenbahndirektion Posen ebenfalls ein Dorf namens Grunow den Anschluss an die Bahn bekommen sollte. Aus dem Grunow dort wurde Grunow (Neumark), unseres hieß Grunow (Lausitz). Inzwischen wurde aus der Lausitz die Niederlausitz, während eine Station weiter Richtung Beeskow der Haltepunkt Schneeberg den Zusatz Mark trägt. So lässt uns die Bahn die alte Grenze zwischen der bis 1815 zu Sachsen gehörenden Niederlausitz und der Mark Brandenburg in Erinnerung behalten. Es ist beileibe nicht die einzige ehemalige Grenze, die sich durch die Region rund um Siehdichum zieht.

Zuvor war schon 1898 die Nebenstrecke von Grunow nach Königs Wusterhausen eingeweiht worden. Für die Grunower gab es nun drei Möglichkeiten, in die Ferne aufzubrechen: An die Oder, an die Elbe oder an den Scharmützelsee, das »Märkische Meer«. Heute ist das Geschichte. 1996 wurde die alte Strecke von Frankfurt nach Cottbus stillgelegt. Sie war nicht mehr rentabel. Nun fährt die Regionalbahn von Frankfurt nur noch nach Königs Wusterhausen, immerhin stündlich.

Am Grunower Bahnsteig sind die Gleise der Stammstrecke längst abgebaut. Nur die Schwellen und der Schotter liegen noch da. Oft frage ich mich, ob das vielleicht ein Hinweis darauf ist, dass Bahnhöfe nicht nur Schnittstellen sind zwischen den *Spaces of place* und den *Spaces of flow*. Dass der Gegensatz zwischen dem Bahnhof als Ort und dem Zug als Raumkapsel eigentlich erweitert werden müsste um dieses stillgelegte Gleis. Aber was wäre es dann? Erzwungener Stillstand? Das Abhängen einer Region, so wie man in den Western einen Güterwagen abhängt, auf dem die Indianer in Deckung gegangen sind, bevor sie angreifen können?

Wir in Grunow haben noch gut reden, wir kommen mit der Dieselbahn immerhin weg vom Bahnhof. Aber was ist mit denen in Groß Briesen und Weichensdorf, in Ullersdorf und Lieberose, in Tauer, Peitz und Willmersdorf? An den Bahnhöfen dort gibt es nur noch stillgelegte Bahnsteige und Schotter zwischen den Schwellen. Und was ist mit Siehdichum, das noch nicht einmal eine Bushaltestelle hat? Gehören sie zur abgewandten Seite des *Metropolitan Corridor?* Wer den Korridor verlässt, schreibt Schlögel, »fällt aus der CNN-Zeit heraus. Er ist nicht mehr erreichbar, nicht einmal durch die Briefpost, auf die kein Verlass mehr ist. Hier gibt es keine Highways. Hier gibt es vielleicht schöne Wälder, aber keine Hoffnung und keine Arbeit mit Perspektive. Während im Korridor die zivile Armada der Trucks rollt, leuchtet in der Dunkelheit, die jenseits des Korridors herrscht, der Mond. Tau fällt.«

Keine Schnittstellen zwischen *Spaces of place* und *Spaces of flow* sind die Bahnhöfe dort, sondern liegengelassene Orte, an denen es an keiner Schranke mehr bimmelt und keiner mehr ankommt, um vom Kater oder dem Sternenhimmel begrüßt zu werden. Es hat lange gedauert, bis ich begriffen habe, dass das der Normalzustand ist in dieser Region, die schon immer im toten Winkel der Geschichte gelegen war.

Aber ein wenig Hoffnung gibt es doch. Bald soll es auf der ehemaligen Trasse von Cottbus einen Heideradweg geben. Vielleicht findet er ja in Grunow Anschluss an die Bahnstrecke.

WASSERSCHEIDE

Dammendorf, Bremsdorf

Auf dem Weg nach Siehdichum habe ich schon in den ersten Tagen dieses Schild entdeckt. Kein Wegweiser, der in die eine oder andere Richtung gedeutet hätte, auch kein touristisches Hinweisschild auf eine Sehenswürdigkeit im Schlaubetal, nicht einmal eine Werbung für ein Landhotel oder einen Campinglatz. Das Schild auf der Bundesstraße 246 von Dammendorf nach Bremsdorf hatte einzig und allein eine hydrologische Tatsache zu behaupten: *Wasserscheide Nordsee-Ostsee*.

Neugierig stellte ich mein Fahrrad ab und ging zu diesem Schild. Kurz überlegte ich, mich mit dem einen Bein auf die Nordsee- und mit dem anderen auf die Ostseeseite zu stellen, aber das schien mir zu theatralisch. Außerdem war auf der Höhe des Schildes keine gestrichelte Linie gezogen wie etwa beim Polarkreis nördlich von Rovaniemi in Finnland. Dennoch löste dieses Schild etwas in mir aus. Die Regentropfen, die östlich des Schildes, also Richtung Bremsdorf auf die Erde fielen und dort versickerten, würden demnach Richtung Oder und damit in die Ostsee entwässern. Die Tropfen auf der Dammendorfer Seite würden dagegen irgendwann in der Elbe und der Nordsee landen.

Das Gleiche galt für die beiden Bäche, die die Region von Süden nach Norden durchfließen. Die Oelse, an deren Ufer ich die Torfstiche entdeckt hatte, schleicht der Spree entgegen, deren Wasser wiederum über die Havel in die Elbe mündet. Die Schlaube dagegen, die dem Schlaubetal ihren Namen gibt, mündete einst über den Brieskower See kurz vor Frankfurt in die Oder. Vielleicht war mir deshalb etwas unwohl in dem Moment, als ich das Schild an der B 246 entdeckt hatte. Irgendetwas in mir flüsterte: Du irrst dich, wenn du denkst, Flüsse können eine Landschaft zusammenhalten. Du musst dich entscheiden! Bist du nun ein Mensch der Oder oder ein Mensch der Elbe?

Ich wusste auch, dass mich diese Frage zerreißen würde. Mein erstes Buch über einen Fluss hatte ich 2005 der Oder gewidmet. Ich wollte den Leserinnen und Lesern in Deutschland diesen großen europäischen Strom nahebringen, den die meisten noch immer als Grenzfluss betrachteten. Dabei ist die Grenzoder zwischen Deutschland und Polen nur 162 Kilometer lang. Ein Nichts ist das im Vergleich zu den 860 Kilometern, die die Oder auf dem Buckel hat, wenn sie ins Stettiner Haff mündet und von dort als Peenestrom, Swine und Dievenow in die Ostsee.

Seit dieser Zeit bin ich der Oder verbunden. Nicht mit dem Grenzfluss, sondern dem deutsch-polnischer Begegnungsraum, den sie erschließt. Etwas anders war es bei der Elbe. Sie habe ich schon als kleines Kind kennengelernt. Als Vierjähriger besuchten wir die tschechische Verwandtschaft im Riesengebirge. Später haben mein Bruder und ich bei den Recherchen zu unserer Familie ein Geheimnis entdeckt. Unser Großonkel Jozef Novák brachte 1948 auf seinem Elbkahn ČSPL 346 einen in Ungnade gefallenen Politiker von Prag nach Hamburg. Diese Geschichte wurde das sehr persönliche erste Kapitel meines Buches über die Elbe, das ich acht Jahre nach meinem Buch über die Oder veröffentlichte. Auch darin wurde eine Grenze überschritten. Der Fluchtkahn meines Großonkels war einfach durch den Eisernen Vorhang geschippert.

Und nun sollte ich mich, an diesem Schild auf der B246 zwischen Dammendorf und Bremsdorf, plötzlich für eine Seite entscheiden? Oder musste ich das gar nicht, weil Wasser nicht nur scheiden, sondern auch verbinden kann?

Vor Fragen wie diesen standen vor fünfhundert Jahren schon der österreichische Kaiser Ferdinand I. und der preußische Kurfürst Joachim II. Der eine wachte über Spree und Elbe, der andere über die Oder. Warum sich aber nicht zusammentun, warum nicht das eine mit dem anderen verknüpfen? Also beschlossen Ferdinand und Joachim 1558 im *Vertrag von Müllrose*, einen Kanal zu bauen. Er sollte von Neuhaus an der Spree bis Brieskow reichen und dort die Oder begrüßen. Den Kaufleuten, die mit ihren Flussschiffen von Breslau unterwegs nach Berlin waren, würde das eine Wegstrecke von 1.660 Kilometern sparen. Statt zweitausend Kilometer lang über Stettin, die Ostsee, den Skagerrak, die Elbe aufwärts bis zu Havel und Spree zu segeln, wären nun nur noch 340 Kilometer zurückzulegen.

Außerdem waren an der Stelle, an der sich Spree und Oder am nächsten sind, nur 27 Kilometer Entfernung zu überwinden. Auch über die Kosten des Kanalbaus waren sich beide Seiten einig geworden. Den westlichen Teil des Kanals von Müllrose bis Neuhaus sollte der Kaiser finanzieren, den östlichen Teil der brandenburgische Kurfürst. Gespeist werden sollte der Kanal durch das Wasser der Spree und von der Schlaube, die auf Müllrose von Siehdichum zueilt, dann nach Osten biegt und in die Oder mündet. Die Schlaube hat ab Müllrose dem Kanal also schon mal das Bett gemacht.

1564 war der *Kaisergraben* von Neuhaus bis Müllrose, auch *Alter Graben* genannt, fertiggestellt. Doch der brandenburgische Kurfürst dachte gar nicht daran, seinen Teil des Vertrags zu erfüllen. So blieb die Verbindung zwischen Spree und Oder vorerst unvollendet. Erst als mit dem Dreißigjährigen Krieg die Odermündung mit Stettin an die Schweden und die Niederlausitz an Sachsen gefallen waren, griff Friedrich Wilhelm, Kurfürst von Brandenburg und Herzog von Preußen, das Vorhaben wieder auf.

1662 gingen die Bauarbeiten los. Sechs Jahre später lud Friedrich Wilhelm zu einem Festakt ein. Anschließend wurde der Kanalabschnitt geflutet, und die Gesellschaft befuhr den *Neuen Graben*. Am 27. Februar 1669, informiert heute das Wasser- und Schifffahrtsamt, »gingen die ersten fünf Oderkähne in Breslau ab, passierten am 8. März den Neuen Graben und kamen am 12. März in Berlin an«. Eine Schleusung dauerte zwischen 15 bis 45 Minuten. Fünf bis sieben Tonnen Ladung konnten die Kähne aufnehmen, die entweder getreidelt oder gestakt wurden oder bei Wind ihre Segel setzten. Am Treidelweg, der heute von Schlaubehammer nach Brieskow führt, steht an der Schleuse Weißenberg auch das zum zweihundertjährigen Bestehen des Kanals eingeweihte Denkmal, das im Jahre 2000 saniert wurde.

Was für eine Geschichte. Schon damals hatte sich das Wasser nicht mehr entscheiden müssen. Ein Wunderwerk der Technik hatte es möglich gemacht und gleichzeitig die hydrologische Tatsache einer Wasserscheide zwischen Nordsee und Ostsee außer Kraft gesetzt. Müllrose lag nun nicht mehr im Abseits, sondern bildete den Scheitelpunkt einer europäischen Wasserstraße. Der Friedrich-Wilhelm-Kanal, wie er bald genannt wurde, wurde zum Bindeglied zwischen Spree und Oder, das Wasser trennte nicht mehr, sondern verband die Region.

Oder doch nicht? Denn an anderer Stelle hat der Kanal die Trennung vertieft. Gewinnerin der Baumaßnahmen war die Mark Brandenburg, auf deren Territorium der Kanal verlief. Zur Verliererin dagegen wurde die sächsische Niederlausitz, die nun Zölle für die Benutzung zahlen musste. Statt der Wasserscheide, die mit dem Kanal außer Kraft gesetzt wurde, gab es nun eine Landscheide. Und dann fürchtete der Abt des Stifts Neuzelle auch noch Schäden durch etwaige Hochwasser.

Das mit dem Hochwasser hatte ich irgendwann gelesen, als ich im Garten saß und in einem Text über den Wasserhaushalt im Mittellauf der Spree blätterte. Irgendetwas, das spürte ich während der Lektüre, machte mich nervös. Es war nur ein Gefühl, aber das Gefühl sagte mir, dass der Abt von Neuzelle vielleicht gar nicht so unrecht hatte. Also ging ich ins Arbeitszimmer und kramte in einem Ordner, den ich damals bei den Recherchen zu meinem Buch über die Oder angelegt und immer weiter aktualisiert hatte. Nach einer Weile hatte ich gefunden, was ich suchte. »Greift die Oder ins Elbegebiet?«, hieß der Beitrag, den ich dunkel in Erinnerung gehabt haben muss. Verfasst haben ihn Claus Dalchow und Joachim Kiesel vom Leibnitz-Zentrum für Agrarlandschaftsforschung (ZALF) in Müncheberg. Der eine ist Bodenkundler und Germanist, der andere beschäftigt sich mit digitalen Geländemodellen. Beide haben herausgefunden, dass die Wasserscheide zwischen Nordsee und Ostsee und damit auch der Kanal, der sie überwindet, nicht unbedingt das letzte Wort der Hydrogeologie sind.

Dalchow und Kiesel haben sich nämlich angeschaut, wie nach der Weichseleiszeit vor 14.000 Jahren die europäischen Urstromtäler entstanden sind, in denen die Flüsse nach dem Abschmelzen der Eismassen nach Westen abfließen konnten. Doch immer wieder drängte ihr Wasser auch nach Norden. Das galt sowohl für die Oder als auch die Spree, die der Oder zwischen Neuhaus und Brieskow, wie ich nun wusste, gefährlich nahekommt. Zwischen beiden Orten verläuft zudem das Berlin-Warschauer Urstromtal. Die Hydrologen nennen das die »Müllroser Pforte«. Es ist genau jener Abschnitt, den der Friedrich-Wilhelm-Kanal überbrückt.

Doch das war noch nicht alles. Solche Pforten könnten, meinen Dalchow und Kiesel, zu regelrechten »Sollbruchstellen« werden. Und zwar dann, wenn die Oder über die Alte Schlaube das Höhengefälle zwischen den beiden Flusssystemen anknabbert, das an der »Müllroser Pforte« ganze 17 Meter beträgt. »Anzapfung« nennen das die beiden Wissenschaftler des ZALF in Müncheberg. »Die sich in westlicher Richtung in die geköpften Urstromtalsegmente eintiefenden Täler würden schließlich Nebenflüsse der Elbe erreichen und durch Anzapfung zur Oder umleiten«, schreiben sie. »Die Pforten verwandeln sich mit der Tätigkeit der Anzapfungsklingen in ›Anzapfungskorridore‹. Der aktuelle Zustand der Anzapfungskorridore zeigt, dass die Anzapfungsklingen bereits eine erhebliche Ausdehnung gewonnen haben und damit ein Teil der Anzapfungsarbeit bereits geleistet ist.«

So kompliziert das zunächst klingen mag, die Konsequenzen wären weitreichend und bedeuteten das Ende der Wasserscheide Nordsee-Ostsee: »Die Anzapfung und damit die Umleitung der Havel bzw. Spree darf man sich als durchaus abrupten Vorgang denken: Eines bestimmten Tages tritt das Wasser des hochgelegen fließenden Flusses in die herangenahte Anzapfungsklinge über; das Ufer bricht fort oder ein Hochwasser hat das Überlaufen in die Anzapfungsklinge ausgelöst.«

So könnte also das Wasser der Spree in die 17 Meter tiefere Oder stürzen. War das das Hochwasser, das der Abt von Neuzelle befürchtet hatte? Wer nun in Müllrose oder auf dem Treidelweg eine Sintflut biblischen Ausmaßes befürchtet, sei allerdings beruhigt. Bodenkundler und Hydrologen rechnen nicht in Monaten und Jahren, sondern in Jahrtausenden. Ganz sicher sollten wir uns aber nicht fühlen. Denn Kanalbauten, haben Dalchow und Kiesel herausgefunden, »können die natürliche Entwicklung beschleunigen«.

Ich selbst kann es gar nicht erwarten. Wenn ich das nächste Mal vor dem Schild mit der Wasserscheide stehe, weiß ich, dass ich mich vorerst nicht entscheiden muss. Die Natur wird mir diese Entscheidung eines Tages abnehmen. Die Landschaft ist im Fluss.

SIEHDICHUM

Erst nach und nach treffen die Jäger und Treiber ein. Es ist kalt auf dem Hof des Forsthauses Siehdichum, das Lagerfeuer wärmt nur, wenn man dicht davorsteht. Im Wirtschaftsgebäude hat Andrea Maßmann ein kleines Buffet aufgebaut, es gibt Suppe, Kuchen, Kaffee und Bier. Während sich die Jagdgesellschaft aufwärmt, wird auf dem Hof die Strecke gelegt. Viel ist es nicht, was an diesem Januartag auf zwei aufeinanderfolgenden Drückjagden im Neuzeller Stiftswald erlegt wurde. Vier Rehe, ein Wildschwein, das war's.

Die Laune lassen sich die Beteiligten nicht verderben. Gestärkt von Suppe und Bier versammeln sie sich bei Anbruch der Dämmerung auf dem Hof. Die Strecke ist mit brennenden Fackeln markiert. Die Regeln sind akribisch festgelegt: Zuerst kommt das Hochwild, dann das Niederwild. Männliches Wild kommt vor weiblichem. Starkes Wild vor schwachem, Haarwild vor Federwild. Darüber hinaus soll jedes zehnte Stück der Art eine halbe Körperlänge vorgezogen werden. Bei vier Rehen und einem Stück Schwarzwild eine eher unnötige Regel.

Ist die Strecke ordnungsgemäß gelegt, sind die Jagdhornbläser an der Reihe. Für jede Wildart stimmen sie ein eigenes Signal an, das so genannte Totsignal. Auf dem Hof des Forsthauses Siehdichum ertönt zunächst »Reh tot«, dann »Sau tot«. Anschließend wird der Name der erfolgreichen Jäger genannt und der Bruch verteilt.

Das Strecke legen ist ein Ritual, das die Jagd seit Jahrhunderten begleitet. In Siehdichum begann die Tradition im 18. Jahrhundert. Das geht aus dem Stiftsatlas von 1758 hervor, dessen Original in der Kartenabteilung der Staatsbibliothek zu Berlin aufbewahrt wird. Inmitten eines ausgedehnten Waldgebietes ist auf einem Bergsporn, der sich in den Hammersee schiebt und steil zur Schlaube abfällt, ein »Jäger-Hauß« eingezeichnet. Auch heute noch sind das Forsthaus Siehdichum, das Verwaltungsgebäude des Naturparks Schlaubetal und drei Häuser am Hammersee die einzigen Gebäude in diesem Waldgebiet, das von der Schlaube und ihren Seen durchflossen wird. Wo sonst, wenn nicht hier, kann man es fühlen, was Romantiker wie Tieck oder Eichendorf mit diesem Wort gemeint haben mögen: Waldeinsamkeit.

Begonnen hat die Geschichte von Siehdichum mit der Wahl eines neuen Abtes im Kloster Neuzelle. 1742 trat Gabriel Dubau sein Abbatiat im Zisterzienserkloster an, dessen Ländereien seit der Gründung 1268 von der Oder im Osten bis zur Schlaube im Westen reichten. Vier Jahre später ließ Dubau von seinen Mönchen an der schönsten Stelle des Schlaubetals jenes »Jäger-Hauß« errichten, das im Stiftsatlas von Neuzelle vermerkt ist. Es war ein einfaches, einstöckiges Fachwerkhaus, in dem es auch einen Betraum für die Mönche gab. Um das Gebäude herum wurden Sichtachsen in den Wald geschlagen. Der Name »Siehdichum« ist erstmals für das Jahr 1754 belegt. Im Kirchenbuch von Neuzelle hat der Historiker Winfried Töpler anlässlich der Hochzeit eines Jägers im Jagdhaus den Eintrag gefunden »Sieh dich um«. Heute steht der Name auf einem Schild vor der Einfahrt zur gleichnamigen Gaststätte: Hier sieh dich um.

Wie aber ist der Name zu deuten? War er eine Warnung an die Mönche und Jäger, auf Schritt und Tritt auf den Weg zu achten, da die Schlaube hier von zahlreichen Sümpfen und Mooren umgeben war? Oder pries er dieses Fleckchen Erde, denn von der Anhöhe hat man tatsächlich einen herrlichen Ausblick auf den Hammersee, den Schinkensee und die umliegenden Laubwälder des Schlaubetals? Stand der Name in Zusammenhang mit den im Mittelalter beliebten »Satzortsnamen« wie Schauinsland bei Freiburg oder solchen, die man Vorwerken und Jagdhäusern gab, um Schaden von ihnen abzuwenden? Ein Beispiel dafür ist »Siehdichfür« in Sachsen – als Warnung an Reisende, sich vorzusehen, wie der Namensforscher Jürgen Udolph mutmaßt. Vielleicht war er aber auch nur ein Tipp von Mönch zu Mönch: Schau mal, wie schön es hier ist.

Oder hatten die Mönche von Neuzelle gar keinen Blick für die Landschaft? Mitte des 18. Jahrhunderts bestimmte die Aufklärung das Bild des Menschen von seiner Umwelt. Vielerorts ging das einher mit einem forstwirtschaftlichen Blick auf den Wald und der Überzeugung, dass die Natur, verstanden als ungeordnete Wildnis, gezähmt und geordnet werden muss. Haben die Mönche mit der Inszenierung von Siehdichum in einer Art antiaufklärerischer Attitüde also die Gegenbewegung, die Landschaftsidee der Romantik, vorweggenommen?

Wohl eher nicht. Denn dort, wo es um die Wirtschaft des Klosters geht, handelten auch die Äbte rational. So wurden die Oderauen gerodet, um die guten Böden für die Landwirtschaft zu nutzen. Auch zwischen Oder und Schlaube waren zwischen 1650 und 1750 viele Wälder gerodet worden. Auf dem Weg nach Siehdichum ritten die Neuzeller Mönche meist über kahle Felder. Schönheit spielte für sie keine Rolle. Aus einer ungeordneten Landschaft wurde auch im antiaufklärerischen Milieu der Zisterzienser eine geordnete Landschaft. Ein Beispiel dafür ist der Barockgarten des Klosters, den Abt Gabriel Dubau streng geometrisch anlegen ließ.

Anders war es da, wo gejagt wurde. Bei der Jagd verhielten sich die Mönche nicht anders als der Adel der Zeit. »Vornehmlich der Wald, aber auch alle anderen Landschaftselemente des adligen Grundbesitzes, die zur Jagd genutzt wurden, nahmen im Kontext der adligen Selbstdarstellung Züge des Wilden, des unbeherrscht Natürlichen an«, schreibt der Sozial- und Wirtschaftshistoriker Torsten Meyer. »Die Landschaft, verstanden als naturräumliche Ausstattung, bildete den Hintergrund (...), um ihrer selbst Willen existierte sie nicht.« Das allerdings würde bedeuten, dass das Jagdhaus der Mönche nicht an der schönsten Stelle des Schlaubetals errichtet wurde, sondern dort, wo es das meiste Wild gab. Gleichwohl haben die Mönche des Klosters Neuzelle mit ihrer Namensgebung zur Legendenbildung beigetragen. Siehdichum, dieser fordernde Name, der die Landschaft ihrem Betrachter an die Hand gibt, ist seitdem in der Welt.

Und ich? An welchen Legenden stricke ich, wenn ich den geheimnisvollsten Ort des Schlaubetals seiner Einzigartigkeit beraube und ihm eine Region andichte, für die es bislang keinen Namen gibt? Was haben Beeskow und Neuzelle, Müllrose und Lieberose, Frankfurt und Friedland mit Siehdichum gemeinsam? Oder will ich nur eine geografische und literarische Leerstelle füllen, denn nicht einmal Fontane hat ein Wort über Siehdichum verloren. Ja, vielleicht stricke auch ich an einer Legende, aber gut möglich ist auch, dass ich nur eine Art Geburtshelfer bin. Vielleicht wünsche ich mir, dass das Siehdichum zwischen Spree und Oder einmal ebenso entdeckt wird wie jene Stelle im Schlaubetal, an der das »Jagd-Hauß« errichtet wurde. Dass es nicht länger im toten Winkel liegt, sondern einen ähnlichen Nachhall findet wie das Siehdichum der Mönche und Jäger. Nicht als unberührte Natur, sondern als Ergebnis des Ringens des Menschen mit einer Landschaft im Abseits.

An der Stelle, an der einst das Jagdhaus der Mönche errichtet wurde, steht heute das »Forsthaus Siehdichum«, das Andrea Maßmann bis in die jüngste Zeit betrieben hat. Es war 1909 als Herrenhaus an der Stelle gebaut worden, an der einst das Jagdhaus der Mönche stand. Zweihundert Meter weiter nördlich befindet sich an einer Waldkreuzung der Försterfriedhof von Siehdichum. Angelegt hat ihn 1891 der Königlich Preußische Oberförster Wilhelm Reuter. Kurz zuvor war seine Frau Marie gestorben, ihr Grabstein weist sie als »Frau Oberförster« aus. Auch seine 1920 gestorbene Tochter Hedwig liegt auf dem Försterfriedhof begraben. Sie starb ebenfalls im Rang einer Frau Oberförster, weil sie den Nachfolger ihres Vaters, Forstrat Karl Eyber geheiratet hatte.

Wilhelm Reuters Siehdichum war nicht mehr das der Mönche und Jäger. Es war ein preußisches Siehdichum geworden, in dem vor allem Forstwirtschaft betrieben wurde. Die zu Schernsdorf gehörende Neuzeller Stiftsförsterei hatte sich bereits 1833, da war das Kloster schon aufgelöst und Siehdichum gehörte zu Preußen, im Jagdhaus von Abt Gabriel Dubau niedergelassen. Sieben Jahre später lebten in den drei Häusern von Siehdichum 33 Personen, viele von ihnen waren Waldarbeiter. Die Waldflächen mit einer Größe von 5.547 Hektar, die dem Stift Neuzelle nach der Säkularisierung und der Überführung in eine Stiftung geblieben waren, wurden in zwei Oberförstereien aufgeteilt, eine in Neuzelle und eine in Siehdichum. Die in Siehdichum hatte 1870 Wilhelm Reuter übernommen.

Andrea Maßmann kennt die Geschichte von Wilhelm Reuter ebenso wie die Gründungsgeschichte von Siehdichum durch die Neuzeller Mönche. Die langjährige Pächterin des »Forsthauses Siehdichum« stammt aus Hangelsberg bei Fürstenwalde, hat Zootechnikerin gelernt und dann in Mecklenburg Ökonomie studiert, wo sie ihren Mann kennengelernt hat. Seitdem beide 2011 das Forsthaus übernommen haben, lebten sie unten am Hammersee zwischen zwei Waldarbeiterhäusern aus dem Jahre 1922. Das etwas vom See zurückgesetzte Fischerhaus gehört der Stiftung Stift Neuzelle, die es zusammen mit dem Forsthaus verpachtet. 1999 hatte es die Stiftung von der Treuhand zurückbekommen.

Und auch die DDR-Geschichte hat Andrea Maßmann vor Augen. Zunächst hatte Siehdichum als Gästehaus des Ministerrats der DDR gedient, danach ging es an die Staatssicherheit, die dort das *Mehrzweckobjekt Siehdichum* mit dem dazugehörigem *Erholungsobjekt Fischerhaus* betrieb. Wer sich diese Geschichte vor Augen führt, bekommt plötzlich eine ganz andere Vorstellung davon, was Siehdichum bedeuten kann, sagt Maßmann. Im Erholungsheim arbeiteten ein weiblicher Stasi-Leutnant und neun hauptamtliche Inoffizielle Mitarbeiter. Aus Siehdichum wurde Horch & Guck.

Umsehen hätte sich vielleicht auch Dieter Wurm sollen. Der Oberstleutnant des MfS vermittelte am offiziellen Außenhandel der DDR vorbei Geschäfte mit dem Westen. In Siehdichum veranlasste Wurm die Grundsanierung des Stasi-Objekts für eine Summe von 560.000 Mark. Weitere 273.000 Mark flossen in die Renovierung des Fischerhauses. Im Gegenzug erhielt der an den Arbeiten beteiligte Staatliche Forstbetrieb Müllrose Holzverarbeitungsmaschinen aus dem Westen im Wert von 50.000 D-Mark.

Was Wurm nicht wusste: Stasi-Chef Erich Mielke war bereits auf das seltsame Treiben in Siehdichum aufmerksam geworden. Er ordnete eine Revision an, bei der sich herausstellte, dass Wurm für die Bauarbeiten keinerlei Belege vorweisen konnte. Bei der anschließenden Untersuchung seiner Berliner Wohnung in der Niederbarnimstraße wurden im Kachelofen 160.000 D-Mark und 26 Kilogramm Gold gefunden. Auch in einem Depot in einer privaten Jagdhütte am Wirchensee fanden sich bei Grabungen 44 Kilogramm Gold, andernorts mehr als tausend Flaschen Schnaps, Millionen von Westzigaretten, japanische Heimelektronik, Schmuck und wertvolle Münzen – so berichtete der *Spiegel* im Jahr 2000. »Der größte Wirtschaftskrimi der DDR-Geschichte«, wie es das Nachrichtenmagazin nannte, spielte in Siehdichum. Unter Ausschluss der Öffentlichkeit und strengster Geheimhaltung wurde Günter Wurm am 3. Dezember 1981 vom Militärstrafsenat beim Obersten Gericht der DDR zu 15 Jahren verurteilt. Er starb 1983 unter ungeklärten Umständen in der Haft.

Doch das ist Geschichte. Bei unserem Gespräch im Frühjahr 2020 sagt Andrea Maßmann: »Wenn ich vom Fischerhaus morgens hochlaufe zum Forsthaus, denke ich jedes Mal: Das ist ein besonderer Ort. Da haben die Mönche tatsächlich die schönste Stelle des Schlaubetals gefunden. Das wusste der Abt zu schätzen, aber auch die Staatssicherheit wusste es.«

Siehdichum, wo die Jäger und Treiber in den Wintermonaten ihre Stecke legen, ist aber nicht nur der Mittelpunkt des Schlaubetals. Die gleichnamige Gemeinde kann auch auf einen Rekord verweisen, der selbst im waldreichen Brandenburg seinesgleichen sucht. Wer sich in Siehdichum umschaut, sieht nämlich vor alles eines: Bäume. Denn nach dem Kahlschlag im 18. Jahrhundert wurde ab der Mitte des 19. Jahrhunderts wieder aufgeforstet. Während im Schnitt auf jeden Brandenburger 4.500 Quadratmeter Wald kommen, sind es in der Gemeinde Siehdichum, zu der auch Schernsdorf, Rießen und Pohlitz gehören, 38.000 Quadratmeter pro Einwohner. 1.531 Menschen leben in der Gemeinde, umgeben von fast 60 Quadratkilometer Wald.

Sandweg zwischen Rießen und Schernsdorf

An der Stelle des Jagdhauses steht heute das Forsthaus Siehdichum

Herbstlicher Uferweg am Großen Treppelsee

Fischerhütte am Hammersee in Siehdichum

Die Schlaube in Siehdichum

An der Beeskower Stadtmauer

Der Mäuseturm an der Stadtmauer von Beeskow

Burg Beeskow mit dem neuen Museum Oder-Spree
Blick vom Kietz über die Spree auf die Marienkirche

Abendrunde in Grunow

Die Krügersdorfer Eichen an der B 246

An der Bahnstrecke von Grunow nach Mixdorf

Obstbaumallee hinter Schneeberg

Naturverjüngung im Buchenwald am Großen Treppelsee
Kiefer im Totalreservat Mahlheide

Huteeiche zwischen Grunow und Schneeberg

Waldumbau vom Kiefernforst zum Mischwald

Frankfurt und die Oder aus der Vogelperspektive
Blick über die Oder auf den Holzmarkt und das Museum Viadrina

Farbglasfenster von Walter Womacka im Dokzentrum in Eisenhüttenstadt

Skulptur im Wohnkomplex I in Eisenhüttenstadt

Freibad am Großen Müllroser See

Am Großen Treppelsee im Schlaubetal

Strand-Kiosk am Ranziger See bei Beeskow

Der Helenesee ist Frankfurts »Kleine Ostsee«

Herbstnebel in Grunow

Erstes Grün im Garten

Grunower Osterfeuer

Dorffest rund um die Grunower Kirche

DIE SCHLAUBE

Aus der Vogelperspektive zeigt sich Brandenburgs schönstes Bachtal als eine Seenkette. Vom östlichen Bildrand greift der Hammersee nach der Bildmitte, dorthin, wo stolz auf dem bewaldeten Bergsporn das Forsthaus Siehdichum die Tradition bewahrt. Am nördlichen Ufer des Hammersees stehen, in höflichem Abstand zueinander, das Fischerhaus und die Waldarbeiterhäuser, die nach dem Ersten Weltkrieg für die deutschen Flüchtlinge aus Westpreußen und der Provinz Posen gebaut wurden. Wenn man den Hammersee von Siehdichum aus umrundet – eine empfehlenswerte Wanderung, die in einer Stunde zu bewältigen ist, – sieht man sie schon von weitem. Eines von ihnen dient als Ferienhaus, zwei sind privat. Abgeschiedener lässt es sich in Brandenburg kaum leben.

Auf dem Luftbild von Bernd Geller schließt sich an den Hammersee und Siehdichum im Norden der Schinkensee an, der sich, wie in Berlin der Schlachtensee krümmt und schlängelt wie ein Wurm, und den Staffelstab schließlich an den Langen See übergibt. Dieser wiederum verbindet sich mit dem Schulzenwasser, dessen Ende den Kupferhammer erreicht, wo das Wasser der Schlaube keine Seenkette mehr bildet, sondern einen munter sprudelnden Bachfall. Der Kupferhammer, an dem einst 300 Menschen lebten und

Fischer Karl-Heinz Weidner auf dem Hammersee

arbeiteten, ist auf dem doppelseitigen Luftbild nicht mehr zu sehen. Wohl aber das östlich der Schlaube bis zum Horizont reichende Waldgebiet. Weil die Aufnahme im Herbst gemacht wurde, lassen sich auch gut die Standorte der Laubwälder und Kiefernforsten voneinander unterscheiden. Auch ich war erstaunt, wie weit die Buchen- und Eichenbestände vom Schlaubeufer ausschwärmen. Der *Indian Summer* auf dieser einzigartigen Fotografie umfasst die Wälder auf den Anhöhen rechts und links der Schlaube ebenso wie am Bachlauf selbst, etwa unterhalb des Sporns von Siehdichum.

Eine »Perle« nannte Theodor Marcinkowski, der 1946 Oberförster von Siehdichum wurde, das Schlaubetal, »denn im ganzen Lande Brandenburg gibt es nicht viel solcher Orte, die sich landschaftlich mit diesem Gebiet messen können.« Geradezu überschwänglich schwärmte der gebürtige Warschauer, der den Grundstein dafür legte, dass das Schlaubetal 1961 Naturschutzgebiet wurde: »In Miniatur ist hier der Kontinent vertreten.«

Naturlandschaften wie das Schlaubetal zu beschreiben, ist so herausfordernd wie das Fotografieren einer Flussbiegung. Das menschliche Auge sieht die Bildmitte, aber auch den Vordergrund und den Hintergrund, es fügt alles zusammen zu einem Panorama, das den Reiz des Motivs erst hervorbringt. Die Fotografie dagegen bildet nur einen Ausschnitt ab, der den Lauf einer Flussbiegung nicht annähernd einfangen kann. Umso erhellender sind Fotografien aus der Vogelperspektive – oder aber Traumbilder.

Eines dieser Traumbilder hatte sich mir eingeprägt, lange bevor ich den 25 Kilometer langen Schlaubewanderweg erstmals gegangen bin. Es war ein wenig wie bei *Alice im Wunderland*. Ich wusste, dass die Schlaube ein von Süden nach Norden reichendes und oft tief eingeschnittenes Bachtal bildet, dem der Oberförster Marcinkowski »Ähnlichkeit mit den herrlichsten Gebirgsgegenden« attestierte und das im Norden in Müllrose endet, dem Tor zum Schlaubetal. Also stellte ich mir vor, wie ich von Müllrose aus in dieses wilde und gebirgige Bachtal eintauche, in südlicher Richtung immer weiter hineinwandere, in immer menschenleerere Natur, und plötzlich ist die Welt da draußen, die einen im Alltag umgibt, verschwunden. Es gibt auch keinen Ausgang mehr, nicht im Süden, aber auch nicht im Westen oder Osten, weil das Bachtal von dunklen, nicht zugänglichen Wäldern umgeben ist.

Eine andere Welt würde ich betreten, ich stellte mir vor, dass ich in Müllrose durch einen unsichtbaren Vorhang gehen und in eine von Wäldern und Wasser umgebene Blase eintauchen würde. Das war das Vor-Bild, das ich von der Schlaube hatte, und das Wundersame daran war, dass es sich bei meiner ersten Begegnung *in realiter* nicht aufgelöst hat. Eher hat diese lange Wanderung an einem kalten Februartag von der Schlaubemühle bis zum Hotel Kaisermühle, wo wir untergekommen waren, das Bild noch bestärkt. Constanze Mikeska, die hilfsbereite Hotelbesitzerin, hat uns mit ihrem Auto von Norden nach Süden gebracht, von dort sind wir zurückgewandert. Schließlich gab es im Süden, Osten und Westen kein weiteres Tor.

Und nun, da ich selbst wie *Alice im Wunderland* lebe, versuche ich, mir dieses Bild zu bewahren, beide Welten, die Traumwelt und die Wachwelt, nebeneinander bestehen zu lassen, auch wenn das nicht leichtfällt, etwa, wenn es darum geht, die nüchternen Fakten dieses tatsächlich reizvollsten Baches in Brandenburg vorzustellen.

Urkundlich wurde die Schlaube als *Slube* erstmals im Jahre 1275 erwähnt, das war sieben Jahre nach der Gründung des Klosters Neuzelle durch den Meißener Markgrafen Heinrich. *Schlaube* heißt sie in den Erwähnungen erstmals 1516, zwei Jahre bevor sie die Grenze zwischen dem Stiftsgebiet Neuzelle und dem 1518 gegründeten Johanniter-Ordensamt Friedland bilden sollte. Besiedelt war das Tal der Schlaube bereits in frühgeschichtlicher Zeit. Die im siebten Jahrhundert einwandernden Slawen übernahmen dabei wohl den aus dem Indogermanischen stammenden Wortstamm *sleub*, was so viel heißt wie gleiten oder schlüpfen.

Tatsächlich schlüpft die Schlaube durch eine eiszeitliche Rinne, die wie die benachbarten Rinnen der Oelse oder der Dorche in Süd-Nord-Richtung verlaufen, sich also nicht an die vom Urstromtal vorgegebene Westrichtung hielten. Von »bemerkenswerten Durchbruchsschluchten« spricht das 1986 von einem Autorenkollektiv unter Leitung von Klaus-Dieter Gansleweit herausgegebene Buch *Eisenhüttenstadt und seine Umgebung*. Tatsächlich ist das Relief des Schlaubetals beeindruckend. Bis zu 30 Meter tief hat sich der Bach teilweise eingegraben, so dass die Wanderung etwa von der Schlaubemühle bis zur Kieselwitzer Mühle zu Recht der in einer Mittelgebirgsgegend ähnelt.

Aber spätestens in Müllrose bekommt das Traumbild Risse. Wie bin ich damals darauf gekommen, dass der Lauf der Schlaube in Müllrose endet? War es eine Landkarte, der ich das entnommen hatte? Habe ich es bei *Wikipedia* flüchtig aufgeschnappt. Stand es in irgendeinem Reiseführer?

Als ich eines Tages den Stiftsatlas Neuzelle aus dem Jahre 1758 in die Hand bekam, sah ich auf dem Kartenblatt von Tzschernsdorf (heute Schernsdorf) gleich zweimal die Schlaube. Die eine entsprach meinem Traumbild und bildete bis zur Mündung in den Müllroser See die Grenze zwischen dem Stiftsgebiet und der »HEYDE, UNTER DAS ORD:AMT FRIEDLAND GEHÖRIG«. Aber auch im Norden, hinter der

Grenze zwischen der Niederlausitz und dem »KÖNIGL. PREUSS. AMT BIEGENSCHE GRÆNZE« verlief die Schlaube – wild mäandernd neben dem *Neuen Graben*, also dem 1668 fertiggestellten Friedrich-Wilhelm-Kanal.

Der entscheidende Kartenausschnitt aber fehlte auf diesem Messtischblatt des Klosters Neuzelle. Er betrifft Müllrose selbst, das nicht zum Kloster, sondern zur Mark Brandenburg gehörte und deshalb auch nicht abgebildet war. Des Rätsels Lösung sah ich erst auf der Karte von Joachim Ernst Blesendorff aus dem Jahr 1670. Sie wurde gestochen, nachdem der *Neue Graben* zwei Jahre zuvor fertiggestellt worden war, und zeigt, wie die Schlaube aus dem Großen in den Kleinen Müllroser See fließt und nach ihrem Austritt dort kurzzeitig im Kanal verschwindet. Bald darauf tritt sie aber wieder nördlich davon aus, kreuzt den Kanal nach Süden hin, fließt in einen weiteren, nicht namentlich genannten See am Katharinengraben und nimmt dort ihren Weg nach Osten. Durch Kaisermühl fließt die Schlaube, durch Schlaubehammer, Weißenspring, Groß Lindow, Klixmühle und Weißenberg bis Brieskow, wo sie in den Brieskower See mündet und dann in die Oder.

Das gleiche Bild zeigt auch die Schmettausche Karte von 1787. Auch dort verlässt die Schlaube den Kanal und mündet in den See am Katharinengraben, der nun als Möllensee bezeichnet wird. Von dort mäandert sie fröhlich Richtung Osten, passiert die Kaisermühle, und vereinigt sich schließlich in Schlaubehammer wieder mit dem Friedrich-Wilhelm-Kanal. Ist die Schlaube in Müllrose also gar nicht zu Ende?

Eines zumindest bezeugen diese beiden Karten: Ein natürlicher Flusslauf war die untere Schlaube nach Fertigstellung des Friedrich-Wilhelm-Kanals nicht mehr. Immer wieder war beim Bau der Verbindung zwischen Spree und Oder der Schlaubelauf genutzt worden, wo sie dagegen zu wild ausuferte, wurde kurzerhand abgekürzt. Aber es war Schlaubewasser, das im Kanal stand, so dass von einem Ende des Laufs der Schlaube in Müllrose weder auf der Karte von 1670 noch auf der von 1787 die Rede sein konnte.

Dieses Ende muss später gekommen sein. Auf dem Müllroser Stadtplan von heute ist die Verbindung zwischen Kanal und der unteren Schlaube, die nun *Alte Schlaube* heißt, tatsächlich unterbrochen. Irgendwann muss es also einmal diesen *Cut* gegeben haben, vermutlich in der Zeit, in der der Möllensee kurz vor der Einmündung des Katharinengrabens in den Friedrich-Wilhelm-Kanal trockengefallen war. Auf dem Stadtplan von heute entspringt die *Alte Schlaube* wie aus dem Nichts auf einer Wiese östlich des Katharinengrabens und südlich des Kanals. Das Bächlein, das entlang der Gartenterrasse des Hotels Kaisermühle von Constanze Mikeska vorbeiplätschert, ist also erst ein paar Hundert Meter jung.

Eines Tages wollte ich es wissen. Wollte mich nicht auf den Stadtplan verlassen, sondern es mit eigenen Augen sehen. Wollte herausfinden, ob die »Sehschule Siehdichum« Licht ins Dunkel bringt. Vielleicht gab es die Verbindung ja immer noch? Oder schon wieder? An einem nicht allzu heißen Tag im Mai bog ich also am Ostufer des Katharinengrabens in einen Waldweg, der bald schmaler und schmaler wurde, bis ich mich durch die Äste der Eichen und Erlen kämpfen musste. Nicht nur Wald und Unterholz wurden immer dichter, sondern auch die Mückenschwärme. Umso mehr freute ich mich, als ich plötzlich zu finden glaubte, was ich suchte. Kurz bevor der Katharinengraben in den Friedrich-Wilhelm-Kanal mündet, gibt es einen Abzweig nach Osten. Ein paar Meter konnte ich ihm folgen, dann verlor ich ihn aus den Augen. Stattdessen entdeckte ich ein ärmliches, verlassenes

Haus, das längst zusammengebrochen war. Vor dem Haus stand ein verwitterter Kahn. Doch hinter Haus und Kahn war kein Weiterkommen, die Sümpfe waren undurchdringlich. Führte der Abfluss also weiter durch das Feuchtgebiet oder verlor er sich ihn das, was einmal der Möllensee gewesen sein musste? Auch von der anderen Seite, am Schlaubeweg, war kein Zugang in dieses Gebiet möglich.

Vielleicht können nur Hydrologen das Rätsel lösen. Vielleicht gibt es ja noch Sickerwasser, das beide Schlauben miteinander verbindet. Mir würde es gefallen, denn ich hätte dann ein neues Bild von der Schlaube. Nicht nur das Luftbild von Siehdichum und mein *Alice im Wunderland*, sondern auch einen Lückenschluss. Denn warum sollen wir uns an Trennungen gewöhnen, wenn man die Dinge wieder zusammendenken kann? Man muss sich nur umsehen.

UNTER DEN EICHEN

Krügersdorf

Als die Traubeneiche 2014 zum Baum des Jahres gewählt wurde, rief die Schutzgemeinschaft Deutscher Wald zu einer Mitmachaktion auf. Bei einer »Baumriesenaktion« sollte die dickste Eiche in Brandenburg ermittelt werden. Brandenburg suchte also die Supereiche – und fand sie, wenig überraschend, in der *Dicken Eiche* in Krügersdorf bei Beeskow im Landkreis Oder-Spree. Eine dickere als die dort seit langem bekannte hatten die Baumfreunde zwischen Prignitz und Niederlausitz nicht finden können. Was tat es da zur Sache, dass die *Dicke Eiche* keine Traubeneiche ist, sondern eine Stieleiche. Eiche ist eben Eiche, zumal in deutschen Landen.

Der Steckbrief der *Dicken Eiche* ist dennoch beeindruckend. Auf Brusthöhe misst sie einen Umfang von 10,26 Metern, ihr Alter wird auf mehr als 600 Jahre geschätzt. Sie ist damit älter als das 1539 erbaute Gutshaus von Krügersdorf. Freilich ist ihr Zustand, anders als beim frisch sanierten »Schloss«, wie das Gutshaus genannt wird, nicht der allerbeste. Ihre Krone hat sie verloren, die Stämme, die sie wie eine Hand ihre Finger in die Höhe hält, sind zurückgeschnitten, ein Teil des unteren Stammes ist morsch. Experten geben ihr noch fünf bis zehn Jahre. Bis dahin aber ist und bleibt sie die Nummer eins in Brandenburg und die Nummer sieben in Deutschland.

Die *Dicke Eiche* steht auf einem Feldweg, der von Krügersdorf zu einem Wildgehege führt. Doch sie ist nicht die einzige Supereiche in der Nähe. An der Bundesstraße 246 von Krügersdorf nach Beeskow steht zum Beispiel die so genannte *Bouquet-Eiche* mit einem Stammumfang von 8,70 Meter. Zusammen mit drei weiteren Eichen bildet sie das Naturdenkmal Krügersdorfer Eichen. Zu ihnen zählt auch die *Trauer- oder Begräbniseiche,* die am Abzweig der Bundesstraße nach Reudnitz steht. Ihren Namen hat sie bekommen, weil an ihr einst die Trauerzüge zum Friedhof einen letzten Halt machten. Auch die Trauereiche ist nicht mehr die gesündeste. Gutachter geben ihr noch eine Lebenszeit von bis zu fünfzehn Jahren.

Krügersdorf ist das Dorf der Eichen. Nicht nur die fünf genannten Stieleichen prägen das zu Beeskow gehörende Angerdorf, sondern auch eine selbst für Brandenburger Verhältnisse ungewöhnliche Eichenallee an der Bundesstraße zwischen Krügersdorf und Beeskow. Während die Allee vielleicht zweihundert Jahre alt und damit vergleichsweise jung ist, ist die *Dicke Eiche* die Hinterlassenschaft einer jahrhundertealten Nutzung der Wälder als so genannte Hutewälder. Bis zum 18. Jahrhundert waren zwischen Wald und Acker noch keine Grenzen gezogen. Auch das Vieh wurde nicht in Ställen gehalten, sondern von den Bauern auf die Weide, die Hute oder Hude, getrieben. Die Waldweide mit Eicheln und Bucheckern war eines der bäuerlichen Waldrechte.

Hutewälder wie die in Krügersdorf gehörten zu den Allmendewäldern, das heißt, sie waren in gemeinschaftlichem bäuerlichem Besitz. Nicht der Holzschlag stand im Vordergrund, sondern die Ernährung des Viehs. Weil Laubbäume mit breiten Kronen mehr Früchte tragen, war es im Interesse der Bauern, die Hutewälder aufzulichten, um den mächtigen Solitären, meistens waren es Eichen, Platz zu geben. Natürliche Waldverjüngung war in diesem Falle kaum möglich, denn die Eicheln oder Bucheckern wurden entweder von den Schweinen gefressen oder aber, wenn sie es doch zu Jungtrieben geschafft haben, von Ziegen, Schafen und Kühen verbissen.

Umso erstaunlicher ist es, dass sich die deutsche Romantik – allen voran Caspar David Friedrich mit seinem 1822 entstandenen Gemälde *Einsamer Baum* – ausgerechnet die einzeln auf Feldern stehenden, ausladenden Eichen als Gegenstand ihrer Schwärmerei ausgesucht hat. Denn eigentlich hatten die Hutewälder, so sehr sie auch als »natürlich« und »pittoresk« empfunden wurden, nichts mit den *silvae horridae*, mit den tiefen, dunklen und undurchdringlichen Wäldern zu tun, in denen der Überlieferung des Tacitus in seiner *Germania* nach Hermann der Cherusker in der Varusschlacht am Teutoburger Wald die Römer besiegte. Über diesen Widerspruch hatte sich schon der britische Kulturhistoriker Simon Schama in seinem Buch *Der Traum von der Wildnis* lustig gemacht: »Und während im Kernland der altdeutschen Wälder ausgedehnte, profitable Tannen- und Lärchenforste heranwuchsen, wurde Deutschlands kulturelle Phantasie intensiv mit den Eichenhainen der fernen Vergangenheit aufgeforstet.«

Die »Eichenhaine«, die Schama erwähnt, waren eine Erfindung von Friedrich Gottlieb Klopstock und seiner 1767 erschienenen Ode *Der Hügel, und der Hain.* Zwei Jahre später schrieb er in seinem Drama *Hermanns Schlacht*: »Du gleichst der dicksten, schattichsten Eiche / Im innersten Hain! / Der höchsten, ältesten, heiligsten Eiche / O Vaterland!« Dankbar griffen Klopstocks Jünger im Göttinger Hainbund den Kult um die Eichenhaine auf.

Es war also Klopstock, der den Deutschen den Spleen mit den Eichen als Nationalbaum in den Kopf gesetzt hat. Nach der Französischen Revolution 1789, der napoleonischen Besatzung und den Befreiungskriegen gab es dann kein Halten mehr. Die Eiche wurde endgültig vom botanischen zum politischen Gewächs. Nicht mehr die Römer waren nun die Feinde des deutschen Freiheitsdrangs, sondern die »welschen Waldmörder«, also die Franzosen, die einen Großteil ihrer Wälder abgeholzt hatten. Das Lützowsche Freicorps, das in den Befreiungskriegen den Erbfeind vom Hof zu jagen hatte, hieß nicht von ungefähr im Volksmund auch »Lützowsche Jäger«. Nach 1813 griff dann auch das preußische Königshaus den Mythos der »deutschen Eiche« auf. In den Kriegsauszeichnungen von Friedrich Wilhelm III. fand sich erstmals das stilisierte Eichenlaub. Da war es nur folgerichtig, dass nach dem deutsch-französischen Krieg und der Reichsgründung 1871 das vier Jahre später errichtete monumentale Hermannsdenkmal im Teutoburger Wald sich nicht mehr nach Süden gen Rom, sondern zum alten und neuen Feind im Westen, den Franzosen, richtete.

Zurück aus Krügersdorf blättere ich im Garten in einem Katalog zum Thema »Unter Bäumen. Die Deutschen und der Wald«. Die gleichnamige Ausstellung im Deutschen Historischen Museum in Berlin 2012 hatte ich verpasst. Aber auch der Katalog ist eine wahre Fundgrube für alles, was Stamm und Blätter hat. So erfahre ich, dass auch Caspar David Friedrich, der Maler der Huteeiche, unter deren Krone die Schafe unter der Aufsicht eines Hirten weideten, den antifranzösischen Gestus seiner Zeit kannte. In seinem zur Zeit der Befreiungskriege 1813/1814 entstandenen Gemälde *Chasseur im Walde* zeigt er einen französischen Soldaten, der fernab seiner Truppe auf einer Lichtung am Rande eines Fichtenwaldes steht. Der Betrachter sieht den Franzosen von hinten, vermutet vielleicht, dass er sich gleich vor den Deutschen im Wald verstecken muss, ahnt zugleich, dass er sich dabei entweder verirren oder in Gefangenschaft geraten wird.

Schließlich ist das »Waldvolk« der Deutschen den »welschen Waldfeinden« haushoch überlegen. Zumal im Wald selbst.

Vielleicht aber markieren die acht Jahre, die zwischen dem *Einsamen Baum* und dem *Chasseur im Walde* vergangen waren, auch eine Entwicklung im Wahrnehmen und Malen des Waldes bei Caspar David Friedrich. Vielleicht sollte man die »Waldeinsamkeit« der Romantiker von den Eichen und ihrer Indienstnahme gegen die Franzosen trennen. Vielleicht geht der Wald der Romantiker nicht so sehr auf die zunehmende Rezeption der *Germania* des Tacitus im 19. Jahrhundert zurück, in der der dichte, undurchdringliche Wald Hermann den Sieg sichert, sondern auf einen schmerzlich empfundenen Widerspruch.

Wenn Achim von Arnim im Nachwort zu *Des Knaben Wunderhorn* 1806 seufzt »O mein Gott, wo sind die alten Bäume, unter denen wir gestern noch ruhten, die uralten Zeichen fester Grenzen, was ist damit geschehen, was geschieht?«, ist das nicht nur ein Hinweis auf die radikalen Rodungen der »Holzzeit« vom Mittelalter bis ins 18. Jahrhundert, in der die wenigen verbliebenen Wälder nur deshalb nicht abgeholzt wurden, weil die Kleinstaaterei auch ihre positiven Seiten hatte: Fürsten, die jagen wollten. Der Seufzer des von Arnim ist auch eine Abwehr der aufkommenden modernen Forstwirtschaft, die sich um »die alten Bäume« nicht scherte, es sei denn, sie ließen sich zu Festmetern machen. Der Wald der Romantik ist auch eine Reaktion auf den geometrisch angelegten Wirtschaftswald, den das große Aufforsten des 19. Jahrhunderts hervorgebracht hat.

Dies vor Augen ändert sich auch mein Blick auf die Krügersdorfer Eichen. Ich kann verstehen, wie vor zweihundert Jahren ein junger Schwärmer auf die damals erst vierhundert Jahre alte *Dicke Eiche* geschaut haben mag. Der Hutewald, in dem sie einmal stand, existierte nicht mehr.

Erst recht gab es nicht mehr die undurchdringlichen Wälder im Germanien des Tacitus, der Modelektüre jener Zeit. Stattdessen wurden von Krügersdorf bis hin zum Schlaubetal ehemalige Ackerflächen aufgeforstet. Vor allem dort, wo die Böden schlecht waren, entstanden Kiefernforsten mit geometrisch angelegten Forstwegen, die dem Auge des jungen Schwärmers weh getan haben müssen. Zwischen der Aussicht auf die Waldbewirtschaftung der Zukunft und dem Rückblick auf eine waldreiche Vergangenheit, mag sich der Romantiker für letztere entschieden haben, auch wenn, da hat Simon Schama natürlich recht, der Hutewald als ihr Restbestand mitnichten urwüchsig war, sondern ein übernutzter Kulturwald.

Aber vielleicht war der empfundene Verlust damit nur umso größer? War es nicht die Bauernbefreiung, die dazu geführt hatte, dass die bäuerlichen Waldrechte, die *Servitutes*, nach und nach abgelöst wurden. Dass aus der kollektiven Allmende über kurz oder lang Privateigentum wurde? Auch die Bilder der Waldweide, der Streunutzung, die ihr folgte, der Köhlerei und der Zeidlerei, gehörten bald der Vergangenheit an. Das Vieh wurde nun auf Koppeln getrieben oder in Ställen gehalten, Wald und Weideland waren voneinander getrennt, entlang der Chausseen wie der zwischen Krügersdorf und Beeskow wurden Alleen gepflanzt, hinter denen sich Ackerland oder Kiefernforste erstreckten. Die »Holzzeit«, oftmals empfunden als Zeit mit großer »Holznot«, ging zu Ende und mit ihr die als »natürlich«, weil vertraut empfundene Landschaft. Der junge Schwärmer lebte in einer Schwellenzeit, in der die alten Bilder abgelöst wurden von den vorerst nur schemenhaften Umrissen einer allerdings als bedrohlich empfundenen Zukunft. Dass die Entdeckung der Kohle und die Ablösung des Holzes als wichtigster Energieträger bald dazu führen würde, dass Deutschland neben Polen eines der waldreichsten Länder Europas bleiben würde, konnte der junge Schwärmer damals nicht wissen – oder er wollte es nicht sehen.

Leben wir nicht heute wieder in einer Schwellenzeit? Empfinden wir die industrielle Landwirtschaft nicht als ähnlich bedrohlich wie der junge Schwärmer vor zweihundert Jahren die moderne Forstwirtschaft? Und was ist mit der Energiewende und den Windrädern, die vielerorts die Wälder überragen? Vielleicht löst die Windenergie gerade die Braunkohle als Energieträger ab, so wie die Braunkohle im 19. Jahrhundert das Holz? Brauchen wir also ein neues Bild vom Wald, eines, zu dem neben dem Waldumbau von Kiefernforsten zu Mischwäldern nun auch die Windräder gehören?

Wer sich in Krügersdorf umschaut, wird seine Zweifel daran haben. Auf der der *Dicken Eiche* gegenüberliegenden Seite der Bundesstraße steht eine Erlebnisgaststätte. Sie hat den Namen *Germanisches Langhaus*. Tacitus lässt noch immer grüßen. Aber warum sich wundern, denn den Spleen mit dem Wald und den Eichen sind die Deutschen auch nach dem Ersten Weltkrieg nicht losgeworden. Der »deutsche Wald« und das »waldlose Frankreich«, so blieb es bis in die Weimarer Republik. Als Reaktion auf die deutschen Reparationen nach dem Ersten Weltkrieg, die an Frankreich unter anderem in Holz zu zahlen waren, warb der »Turnvater« Friedrich Ludwig Jahn für Aufforstungen an der Grenze zu Frankreich. Der deutsche Wald als Schutz gegen seine Feinde – ein bildmächtiges Beispiel dafür, dass der Mythos der Varusschlacht noch lange nicht ausgedient hatte.

Erst recht nicht im Nationalsozialismus. »Juden sind in unseren Wäldern nicht erwünscht.« So stand es 1936 auf einem Warnschild in einem Waldstück bei Mittenwalde in der Nähe von Berlin. Die Nazis haben den Mythos des deutschen Waldes noch einmal radikalisiert und militarisiert. Zu den »welschen Waldmördern« kamen nun die rassistischen Zuschreibungen der Juden als »Wüstenvolk« und der Osteuropäer als »Steppenvolk«. Um den »Lebensraum« der Deutschen entsprechend dem »nationalen Charakter« eines »Waldvolks« zu gestalten, plante das Reichsforstamt unter Hermann Göring eine »Wiederbewaldung des Ostens«. »Die Voraussetzung für die Aufforstungs- und Ansiedlungsaktivitäten«, schreibt der Historiker Johannes Zechner im Katalog des Deutschen Historischen Museums, »bildete indes die Deportation dort ansässiger Bevölkerungsgruppen, womit waldpolitisches Denken im Rahmen der Besatzungsherrschaft genozidale Folgen nach sich zog.« Dass der Urwald von Białowieża an der Grenze Polens zu Belarus heute noch erhalten ist, ist übrigens auch das »Verdienst« von Hermann Göring. Er war sein persönliches Jagdgebiet.

Das vielleicht bizarrste Zeugnis des deutschen Waldkultes wurde erst 1992 in der Kutzerower Heide bei Zernikow in der Uckermark entdeckt. Bei der Sichtung von Luftaufnahmen stieß der Praktikant eines Ökobauern auf ein leuchtendes Hakenkreuz aus Baumwipfeln. Inmitten eines Kiefernwaldes waren in den späten dreißiger Jahren 140 Lärchen gepflanzt worden, die im Herbst ihre Nadeln färbten und einen »Hakenkreuzwald« bildeten. Ohne dass ihn jemand entdeckt hatte, hatte er die sowjetische Besatzung, die DDR und die Wiedervereinigung überlebt. Im Jahre 2000 machten Waldarbeiter dem Nazispuk, der wohl ein Symbol für die Dauer des »Tausendjährigen Reiches« sein sollte, ein Ende.

Dennoch gibt es Anlass zu Hoffnung. Wer keine deutschen Eichenhaine sucht, sondern natürlich gewachsene Eichenwälder, wird rund um Siehdichum am besten im Urwald Fünfeichen fündig. Das neun Hektar große Totalreservat, das bereits 1961 unter Schutz gestellt wurde, liegt neben der Straße von Fünfeichen nach Schernsdorf auf einem fast quadratischen und von Waldwegen umgebenen Flurstück. Bis zu 320 Jahre alte Traubeneichen finden sich in ihm, umgestürzte Bäume, junge Triebe, die zwischen ihnen hervorkommen. Das gleiche Bild findet sich im Naturschutzgebiet *Tauersche Eichen* im Süden des Naturparks Schlaubetal kurz vor dem Tagebau Jänschwalde. Wunderschöne Traubeneichenwälder finden sich darüber hinaus rund um den Wirchensee, dem Quellgebiet der Schlaube. Und wer sehen will, wie wunderbar der Umbau eines Kiefernackers in einen Eichenwald funktioniert, ist an der Straße von Biegenbrück nach Neubrück südlich des Friedrich-Wilhelm-Kanals an der richtigen Stelle. Dort steht auch eine »Kurfürsteneiche«.

Wer rund um Siehdichum »Waldeinsamkeit« sucht oder auch nur abwechslungsreiche Wanderwege, wird also fündig. Vielleicht hat Kenneth Anders, der Mitbegründer des Oderbruchmuseums in Altranft, doch recht. »Dass die Deutschen so eine Waldmacke haben, liegt weniger an Hermann dem Cherusker und der Schlacht am Teutoburger Wald«, hat er mir einmal gesagt. »Es liegt am Waldgesetz.« Und das erlaubt jedem jederzeit den Wald zu betreten. Der deutsche Wald ist also, im Gegensatz zu den umzäunten Wäldern anderer Länder, auch ein Ort der Demokratisierung. In Bayern hat der freie Zugang zum Wald sogar Verfassungsrang.

Selbst die Bestattungsgesetze haben sich geändert. Wer stirbt, muss nicht mehr nur auf Friedhöfen seine letzte Ruhe finden, sondern darf auch in Friedwäldern begraben werden. Auch in Siehdichum gibt es inzwischen einen solchen Ruheforst. Begraben unter einer Buche oder, wenn es sein muss, auch unter einer Eiche: Ich gebe zu, es ist ein verlockender Gedanke – und ein romantischer zugleich.

HOLZNOT. NOTHOLZ

Schernsdorf

Einer der ungewöhnlichsten Bäume, die ich bislang gesehen habe, steht versteckt auf den Sandhügeln auf halber Strecke zwischen Schernsdorf und der Ragower Mühle. Es ist eine Kiefer, deren bizarrer Wuchs die Phantasie spielen lässt. Denn schon in jungen Jahren hat sie sich geteilt in mehrere Hauptstämme. Viele von ihnen haben es bald aufgegeben, in die Höhe zu streben. Stattdessen wuchsen die fast einen halben Meter starken Kiefernstämme wieder dem Boden entgegen, richteten sich nach der Berührung wieder auf und ließen sich am Ende doch wieder hängen. Manche Stämme wuchsen auch umeinander herum, als würden sie eng umschlungen tanzen. Hätte ich die Kiefer wegen ihrer Besonderheit umarmen wollen, hätte es mich einige Mühe gekostet, ja, ich hätte nicht einmal gewusst, wo anfangen.

Der bizarren Kiefer zwischen Schernsdorf und Ragower Mühle mag eine ganz besondere Schönheit zu eigen sein, tatsächlich aber ist ihr Wuchs und der der benachbarten Kiefern auf den sandigen Hügeln das Ergebnis bitterer Armut. Die Böden der Mahlheide, auf denen sie stehen, wurden von den Bauern in Schernsdorf über Jahrhunderte lang geplündert. Streunutzung heißt diese Form der Allmende, die im Mittelalter auch lateinisch *Servitute* oder *Gerechtsame* genannt wurde. Weil es in den Ställen zu wenig Einstreu gab und Stroh zu wertvoll war, mussten die Schernsdorfer Bauern auf Waldstreu zurückgreifen. Also zogen sie von April bis

Michaelis in die nahe Mahlheide, harkten die Kiefernadeln zusammen und entzogen dem Waldboden die Nährstoffe, die er brauchte, um Humus zu bilden. Im Stall ergab die Einstreu mit den Fäkalien von Schweinen oder Kühen einen guten Dünger für den Acker.

Wie groß die Mengen an Streu waren, die bis in preußische Zeiten aus den Wäldern geholt wurden, zeigt eine Auflistung der Oberförsterei Siehdichum, zu der auch Schernsdorf gehörte, aus dem Jahre 1864, also sechs Jahre, bevor Wilhelm Reuter Oberförster wurde: Verkauft wurden damals 1.003 Klafter Nadelstreu, dazu Halm- und Hackstreu. Ein Klafter maß damals 3,3 Kubikmeter.

Ich stelle mir vor, wie ich mit Handwagen und Harke durch die sandigen Hügel mit den bizarren Kiefern ziehe. Einen Blick für den Wald haben die Bauern von Schernsdorf nicht gehabt, ihre Blicke richteten sich auf den Boden. Und wenn sie doch einen Moment lang hochgeschaut hätten, hätten sie dann gesehen, wie der Kiefernwald leidet? Infolge der Streunutzung hagerten die Wälder aus, wie es die Fachleute sagen, und die Kiefern bei Schernsdorf hatten nicht mehr genügend Kraft zur Himmelsstürmerei. »Wuchsstockungen« nennen es die Biologen. Heute ist die Mahlheide ein beliebtes Ziel von Naturtouristen. Gleich an zwei Stellen ist sie als Totalreservat im Naturschutzgebiet Schlaubetal ausgewiesen. Kollateralschäden sind manchmal auch Kollateralnutzen.

Bäuerliche Rechte wie die Streunutzung wurden erst mit der Verbreitung der Stallhaltung in Anspruch genommen. Andere *Gerechtsame* wie die Waldweide hatte es dagegen schon seit dem Mittelalter gegeben. Auch bei der Mast der Schweine, Ziegen und Schafe mit Eicheln und Bucheckern waren die Folgen für den Wald gravierend. Infolge der Waldweide konnten sich die Eichen- und Buchenwälder nicht mehr natürlich verjüngen. Statt Eichen und Buchen wuchsen auf den kargen Böden nur noch Heidekraut oder Wacholdergestrüpp. Heute sind dies selten gewordene und unter europäischem Schutz stehende Lebensräume.

Welches Ausmaß die Waldweide bis in die Frühe Neuzeit erreicht hatte, zeigt eine Viehzählung des Neuzeller Stiftsforstes aus dem Jahre 1813, zu dem auch Schernsdorf gehörte. In den Dörfern und Vorwerken des Klosters zählte man 13.888 Schafe, 3.137 Kühe, 2.079 Stück Jungvieh, 662 Zucht- und Mastschweine sowie 1.631 Läufer.

Es ging den Wäldern also nicht gut in dieser Zeit. Denn auch das Holz selbst war ein begehrter Rohstoff. Nicht nur für die Grundherren, die es als Bauholz oder für den Betrieb von Salinen und zur Erzgewinnung verkauften. Wertvoll war es auch für die Bauern in den Dörfern. Holz diente als Brennstoff für die Stube, feuerte den nahen Kupferhammer an, diente zur Harzgewinnung. Am Planfließ, das westlich von Bremsdorf in den Großen Treppelsee mündet, sind noch Dutzende dieser Harzkiefern zu sehen. Die Rinde wurde eingeritzt, unter die fischgrätenförmigen Stellen wurden Eimer gehängt und schon war der Rohstoff für das Pech gewonnen, mit dem zum Beispiel Fässer abgedichtet wurden, in denen Salz oder Wein gelagert wurde. Eine waldliche Wertschöpfungskette der armen Bevölkerung wird rund um Siehdichum sichtbar. Darüber hinaus durften die Bauern zweimal in der Woche an den so genannten Holztagen »Leseholz«, also dürres Holz und neue Holzabfälle aus den Wäldern holen. Eichen aber waren für die Stiftsuntertanen tabu.

Wirft man einen Blick in den Stiftsatlas des Klosters Neuzelle aus dem Jahr 1758, stellt man fest, dass rund um Schernsdorf der Großteil der Flächen, auf denen sich heute ausgedehnte Wälder erstrecken, landwirtschaftlich genutzt war. 5.000 Hektar Wald gab es damals zwischen Oder und Schlaube. »Im 18. Jahrhundert gab es in vielen Teilen Europas kaum noch geschlossene Wälder«, schreibt der Pflanzenökologe Hansjörg Küster in seinem Standardwerk zur *Geschichte des Waldes*. »Die Waldböden waren ausgeplündert und verarmt, Heide hatte sich in verschiedenen Formen ausgebreitet.« Die Fürsten, meinte Küster, wollten die Wälder vor allem zu Geld machen. »Ihre Untertanen nutzen die Wälder, um überleben zu können.« Auch die Mahlheide war eine solche ausgeplünderte Heide.

Was Küster im Großen beschreibt, verdeutlicht das Autorenkollektiv um Klaus-Dieter Gansleweit am Beispiel von Schernsdorf schon für die Zeit vor der Erstellung des Stiftsatlasses. »Im 16. Jahrhundert (…) befanden sich die Klosterwaldungen in keinem guten Zustand, hatte doch der vorige Abt die besten nutzbaren Eichen fällen und nach Frankfurt fahren lassen, wo sie offenbar als Schiffsbauholz verkauft worden sind, wodurch auch die damals übliche Eichelmast geschmälert wurde. Die Heiden waren zudem durch Rodung von Neuland, das an die umliegenden Dörfer verpachtet wurde, vielerorts verkleinert worden.«

Welches Ausmaß die Schläge im Neuzeller Stiftswald gehabt hat, schildern Gansleweit und seine Kollegen so. »In erster Linie dienten die Wälder der Lieferung von Bau-, Nutz- und Brennholz. Alleine das Kloster brauchte mit seinen Vorwerken und sonstigen Betrieben und für Deputatzwecke jährlich rund 2.000 Klafter Brennholz. Von 1761 bis 1800 wurden in den klösterlichen Heiden jährlich etwa 5.365 Klafter Holz eingeschlagen.«

Welches Bild die Gegend damals abgegeben haben muss, zeigt ein zeitgenössischer Bericht aus dem Jahre 1789, den Heinz Tölle in seinem Buch *Waldlandschaften Ostbrandenburgs* zitiert: »Unsere Heyden sind ausgelöckert, an jedem

Baum stehet beynahe ein Mensch mit der Axt, auf jede zehn Schritt ein Schaf, eine Kuh oder ein Pferd.«

Kein Wunder also, dass der Wald um 1800 auch im Territorium des Stifts Neuzelle am Ende war. Einzige Ausnahme waren Wälder wie die Mahlheide oder die ausgedehnten Wälder um Siehdichum, in denen der Abt und die Mönche jagen konnten. Tatsächlich ging die zunehmende Nutzung des Waldes als Brennstofflieferant einher mit der Errichtung des Jagdhauses in Siehdichum.

So wie in der Bundesrepublik in den achtziger Jahren das Schreckensbild des Waldsterbens um sich griff, sprach man um 1800 von der drohenden »Holznot«. Nicht nur in Schernsdorf war sie zu spüren, sondern auch in den anderen klösterlichen Dörfern. Im Fünfeichener Hochland und in der Oderniederung hatte laut Tölle die Eichenbestockung zwischen 1750 und 1883 die Hälfte ihrer Waldbodenfläche eingebüßt. Durch Rodung auch der anderen Baumbestände waren in der Niederung die Oderwiesen entstanden. Außer einzelnen Baumgruppen und den Kopfweiden für die Korbflechterei gibt es dort bis heute kaum mehr Baumbestand.

War es dieses Bild, das Friedrich II. von Preußen vor Augen hatte, als er 1759 durch die Region gezogen war? Sechs Jahre später jedenfalls machte er sich zu einem der ersten Fürsprecher einer Aufforstung. »Die Wälder sollten besser in Ordnung gehalten, und in deren sandigsten Gegenden Kiefern und Linden angepflanzet, und sich Mühe gegeben werden den Wald mehr zu pflegen«, heißt es in einem Protokoll vom 11. Juni 1765 in Potsdam. Für den König waren aber nicht nur forstliche, sondern auch praktische Gründe ausschlaggebend, wie Heinz Tölle anmerkt: »Vereinzelt waren in Ortschroniken Beschwerden des Königs zu finden, dass öffentliche Wege wegen aufgewehter ›Sandschellen‹, wo der

König mit seiner Kutsche stecken geblieben war, unbefahrbar waren, was durch Anschonung von Kiefern künftig zu unterbinden wäre.«

So wurde die Kiefer also auch durch die Kabinettserlasse Friedrichs zum »Brotbaum« der Mark. Heute sind 71 Prozent der Waldbäume in Brandenburg Kiefern. Jeder dritte Kiefer und ein Viertel des deutschen Nutzholzes kommen aus der Mark. Und zu der gehörte seit dem Wiener Kongress 1815 auch die Niederlausitz. In Siehdichum schlugen die Preußen nicht nur ein neues Kapitel in der Verwaltung auf, sondern auch in der Bewirtschaftung der Wälder. Mit der Aufhebung der Leibeigenschaft sollten vor allem die Gerechtsame, die bäuerlichen Rechte der Allmende, verschwinden. Es kam zu einer *Separation* genannten Flurbereinigung, in deren Folge die Bauern im Gegenzug für das Ende ihrer Verpflichtungen zahlreiche Flächen abtreten mussten. So entstanden nicht nur die heute üblichen geometrischen Ackerformen, sondern auch Flächen, auf denen aufgeforstet werden konnte.

An dieser Stelle treffen sich nun Waldgeschichte und Forstgeschichte. Neuzelle und Siehdichum bekamen zwei Oberförstereien, die die Aufforstungen übernahmen. Auf weiten Teilen des Stiftswaldes wurden nun Kiefern angepflanzt, die in der Oberförsterei Neuzelle bald 99 Prozent des Baumbestandes bildeten. Einzig Wilhelm Reuter, dem Oberförster von Siehdichum, gelang es, einen Eichenbestand von zehn Prozent zu behalten.

Nachdem die Kohle das Holz Mitte des 19. Jahrhunderts als Energieträger abgelöst hatte, vergrößerte sich die Waldfläche in Deutschland von 1878 bis 1913 um 348.000 Hektar, allein 311.000 davon entfielen auf Preußen. Darüber hinaus hatte laut Heinz Tölle die preußische Staatsforstverwaltung 110.000 Hektar Ödland erworben, um es wieder aufforsten zu lassen. Im Kreis Guben, zu dem Siehdichum seit 1836 gehörte, war die Waldfläche von 36,4 Prozent im Jahre 1849 über 44,7 Prozent 1887 auf 55,5 Prozent 1935 gestiegen. Schon zuvor hatte sich die Waldfläche auf den ehemaligen Klosterbesitzungen 1850 im Vergleich zu 1750 auf fast 10.000 Hektar verdoppelt.

Doch nicht überall sollte das große Aufforsten gelingen.

Auf dem Rückweg von der Mahlheide fallen mir die Kiefern ein, die ich vor einiger Zeit südlich des Belenzsees gesehen hatte. Auch sie waren ausladend, gewissermaßen ungekämmt und auch ungewaschen, ihre Füße standen knietief im märkischen Sand. Ist es ein Omen dafür, dass der Waldumbau heute vor ähnlichen Schwierigkeiten steht wie das große Aufforsten im 19. Jahrhundert, für das diese Kiefern und die Kiefern in der Mahlheide stehen?

Mit dem Umbau der Kiefernforste zu Mischwäldern soll der Wald von Siehdichum ein neues Kapitel aufschlagen. Aber auch das wird nicht ganz einfach werden. Denn nicht nur Kiefern leiden inzwischen unter der Dürre, sondern auch Rotbuchen.

IM TOTEN WINKEL

Vielleicht stimmt es ja, dass Landschaften nicht nur vor unseren Augen entstehen, sondern dass es Vorlandschaften gibt, die schon in unseren Köpfen sind, gemalt mit dem Pinsel und den Farben anderer, die sie uns präsentieren wie ein fast fertig komponiertes Bild, wir müssen es nur etwas schärfen, hier und da ein paar persönliche Notizen hinzufügen, und schon ist es unser Bild. Die Maler der Romantik und des frühen Realismus sind solche Landschaftsbildner. Aber haben Caspar David Friedrich, Walter Leistikow oder Carl Blechen jemals die Oelseniederung gemalt, das Schlaubetal oder die Heide bei Lieberose?

Und wer hat darüber geschrieben? Auch der große Landschaftsbildner der Mark, Theodor Fontane, hat um die Region von Siehdichum einen großen Bogen gemacht. Wer keine Schlösser und Adelssitze vorzuweisen hat (sieht man einmal von Lieberose und einigen Gutshäusern ab), dem bleibt auch der Eintritt in die *Hall of fame* der Mark Brandenburg, Fontanes *Wanderungen*, verwehrt. Selbst Beeskow hat Fontane links liegen lassen, was freilich ein wenig erstaunt, stammt doch seine Frau Emilie aus der Stadt an der Spree. Aber nein, stattdessen nur Abfälliges. »Beeskow ist nicht so schlimm, als es klingt.« Das ist alles, was Theodor Fontane im Mai 1862 in sein Tagebuch notierte. Das hatte natürlich auch mit seiner Frau zu tun. Emilie war die uneheliche und zur Adoption freigegebene Tochter einer verwitweten Französin, die ein

Verhältnis mit einem Arzt gehabt hatte. Ihr Großvater allerdings war berühmt. Es war der in preußischen Diensten stehende Jean Pierre Barthélemy Rouanet, nachdem heute das Gymnasium in Beeskow benannt ist.

Aber Beeskow lag schon vor Fontanes Notiz im toten Winkel der Geschichte. Ein beredtes Beispiel dafür ist das Jahr 1810, als Beeskow Schauplatz einer konspirativen Begegnung geworden war. Einer der wenigen, die über diese *audience conspirative* berichtet haben, war der in Görsdorf bei Beeskow lebende Schriftsteller und Fontane-Bewunderer Günter de Bruyn. Für ihn war das Treffen ein Beweis dafür, dass die Stadt seit jeher im Abseits der großen Reiserouten lag: »Als Friedrich Wilhelm III. in Begleitung Scharnhorsts sich 1810 mit dem künftigen Staatskanzler Hardenberg heimlich treffen sollte und dafür einen abseitigen Ort suchte, wo sie vor den Spionen der französischen Besatzung sicher sein konnte, wurde Beeskow erwählt.«

Nicht einmal die Beeskower selbst scheinen heute zu wissen, was sie von diesem Treffen am 14. April 1810, bei dem es um die weiteren Reformen in Preußen ging, halten sollen. Am ehemaligen Haus des Bürgermeisters Schmidt, wo sich Friedrich Wilhelm und Hardenberg getroffen hatten, hängt jedenfalls keine Erinnerungsplakette. So machte also nicht nur Fontane einen Bogen um Beeskow, sondern auch das Erinnern. Und im Grunde geht das so bis heute. Als der Landkreis Oder-Spree die Presse 2019 über die Pläne von Tesla unterrichten wollte, in Grünheide Elektroautos zu bauen, fand die Pressekonferenz in Fürstenwalde statt. In die Kreisstadt Beeskow, mutmaßte der Landrat, wäre wohl keiner der Berliner Journalisten gekommen.

Nicht nur Beeskow lag in in vergangenen Zeiten im *Abseits*, wie Günter de Bruyn seine Liebeserklärung an eine Landschaft nannte, sondern die gesamte Region zwischen Spree und Oder, Müllrose und Lieberose. Die großen Verkehrswege verliefen entweder nördlich, auf dem *Metropolitan Corridor* zwischen Berlin, Frankfurt (Oder) und Moskau. Oder sie führten von Berlin nach Südosten Richtung Cottbus oder Dresden. Die Region von Siehdichum, zu der auch Beeskow gehört, befindet sich tatsächlich im toten Winkel. Mit Ausnahme des Klosters Neuzelle, das 1429 von den Hussiten gestürmt wurde, gab es hier nichts zu holen. Außer Holz natürlich.

Was für die Schriftsteller, Adligen oder die Fachleute der Erinnerung ein toter Winkel sein mag, ist für die Feldherren oft genug von Vorteil. In dünn besiedelten Landstrichen können sie sich zurückziehen und sammeln, ihre Soldaten einquartieren, Verpflegung requirieren. So haben manche der Dörfer in der Region um Siehdichum doch noch Einzug in die Geschichtsbücher gefunden, wenn auch nicht bei großen Schlachten, sondern eher in den Pausen zwischen ihnen. Im Dreißigjährigen Krieg zum Beispiel versetzte Wallenstein die Bevölkerung der Dörfer in Angst und Schrecken als er am 4. August 1627 ankündigte, mit 20.000 Soldaten von Guben nach Beeskow zu marschieren. »Zwar versprach er«, so Heinz Tölle in seinem Buch über das Schlaubegebiet, »gut Regiment zu halten, beanspruchte aber Verpflegung für seine Söldner. Es waren Brot, Wein, Käse und andere Lebensmittel in solcher Menge herbeizuschaffen, dass die Soldaten damit reichlich versorgt werden konnten.«

Der angekündigte Durchmarsch war gewissermaßen eine Blaupause für periphere Regionen in Kriegszeiten. Wallenstein sollten, zwei Monate später, 200 Kroaten folgen. Der Ordenshauptmann von Friedland konnte den Durchmarsch zwar in letzter Minute abwenden. Doch der Preis war hoch, er betrug 30 Wagen Proviant. Nachdem in den Jahren danach auch die Schweden durchs Stiftsgebiet von Neuzelle, das Ordensland der Johanniter und die Herrschaft Lieberose zogen und plünderten, brach in Klein Muckrow, Chossewitz und Briesen die Pest aus.

Auch der Wechsel der Landesherren – 1635 löste der Kurfürst von Sachsen den Kaiser in Wien ab – brachte der Niederlausitz keine Ruhe. Vielmehr wurden 1638 sieben Kompanien aus Sachsen in die Region verlegt, zum »Schutz der Untertanen«, wie Tölle anmerkt: »Sie behandelten die Einwohner niederträchtiger, als es die Feinde bisher getan hatten. Zwei Monate Einquartierung genügten, um fast sämtliche Einwohner der Dörfer Dammendorf, Grunow und Chossewitz zu vertreiben. Die Dammendorfer blieben jahrelang in den damals unzugänglichen Wäldern versteckt, ehe sie sich wieder in ihre Behausungen zurückwagten.«

Die Region zwischen Guben und Beeskow als Durchzugsort und die Wälder von Siehdichum als Rückzugsort: Im Siebenjährigen Krieg, dem dritten und letzten der Kriege, die Preußens König Friedrich II. um Schlesien führte, war es nicht anders. Diesmal war es Preußen, das auf sächsischem, also mit den Österreichern verbündetem Gebiet, alles herauspresste. Nach der verheerenden Niederlage in Kunersdorf zog sich Friedrich II. im August 1759 zurück und biwakierte im Raum zwischen Grunow und Kupferhammer. In Grunow mussten die Bauern nicht nur Verpflegung, sondern auch 14 Pferde für die Artillerie stellen. »Nach dem Abzug der Preußen«, schreibt Heinz Tölle, »hielten sich die Österreicher und Russen in der Umgebung von Müllrose auf. Sie holten sich das, was die Preußen übriggelassen hatten. Die Mixdorfer verloren so binnen kurzem 32 Pferde, 20 Rinder, 46 Schafe und 129 Schweine. Außerdem fielen 215 Stück Vieh einer Seuche zum Opfer.«

Friedrich indes, der mit seinen Truppen gen Schlesien eilte, gab kurzerhand den Kreis Guben zum Plündern frei, bevor er im Oktober 1759 erneut im Schlaubetal im Pfarrhaus von Groß Muckrow Quartier nahm. Es war die gleiche Zeit, in der die Vermesser in der Region unterwegs waren, um die Eigentumsverhältnisse des Klosters Neuzelle im Stiftsatlas festzuhalten. Vielleicht auch deshalb, weil die Neuzeller Äbte befürchteten, dass es nach dem Siebenjährigen Krieg wieder zu ähnlichen Unruhen kommen könnte wie nach dem Dreißigjährigen Krieg.

Im toten Winkel der Geschichte: Ist so ein Schicksal von Dauer? Warum blühte die Region nicht auf, als sie 1815 zu Preußen kam? Es ist wohl das Los von Grenzlandschaften, auch dann im Abseits zu bleiben, wenn die Verhältnisse arrondiert werden. Einmal am Rand, immer am Rand. Wenn einer keinen im Rückspiegel sehen will, kann man machen, was man will, man bleibt unsichtbar. Da hilft nicht mal der alte Taschenspielertrick mit den Vergleichslandschaften, der der *Märkischen Schweiz* geholfen hat, dem *Märkischen Meer* oder zuletzt der *Kleinen Ostsee*.

Ein letztes Mal vom Krieg in Mitleidenschaft gezogen wurde die Region um Siehdichum im April 1945. Dem Beginn der Offensive auf Berlin am 16. April folgte nicht nur der Stellungskrieg um die Seelower Höhen im Norden der Region, sondern auch die Kesselschlacht bei Halbe im Süden. Am 23. April erreichte der Krieg Beeskow, das von sowjetischen Fliegern bombardiert wurde. Einen Tag später wurde beim Rückzug der Deutschen die Spreebrücke gesprengt. Am 25. April wurde die Marienkirche durch Artilleriebeschuss zerstört. Wiederum einen Tag später marschierte die Rote Armee ein. Von 804 Häusern waren 120 total zerstört und 56 schwer beschädigt.

Heute hat die Marienkirche wieder ein Dach, über die wiedererrichtete Spreebrücke führt die Bundesstraße 246 von Beeskow über Grunow nach Eisenhüttenstadt. Eine Durchgangsstraße, wie sie zu einem Durchzugsgebiet gehören mag. Aber in Eisenhüttenstadt ist sie zu Ende, die alte Oderbrücke bei Fürstenberg wurde nicht wieder aufgebaut. Es scheint fast, als sei Siehdichum erneut im toten Winkel der Geschichte gelandet. Ein Unglück? Eher nicht. Denn Siehdichum befindet sich auch im toten Winkel der Industrialisierung. Zwar war schon 1847 in der Oberförsterei Siehdichum Braunkohle gefunden worden. Doch die Vorkommen reichten nicht für einen Abbau im großen Stil. Eingeklemmt zwischen den Gruben Helene und Katja und dem Tagebau Jänschwalde blieb die Landschaft um Siehdichum vom großen Graben verschont. Im toten Winkel der Industrialisierung, im Durchzugsgebiet der Armeen konnten rund um Siehdichum also jene Wälder wieder entstehen, die heute ihre Magie ausmachen. Es ist die Magie der Peripherie.

Sensenkurs im Naturpark Schlaubetal

Braunkohletagebau Jänschwalde

Verpackungen in den Oderland-Mühlenwerken in Müllrose

Das Kraftwerk Jänschwalde soll 2028 vom Netz

Oelseniederung mit den Torfstichen bei Grunow

Schlaube zwischen Siehdichum und Kupferhammer

Herbststimmung am Wirchensee
Moos und Flechten am Belenzsee

Der Marktplatz in Friedland

Wendische Kirche in Lieberose

St. Nikolai in Fürstenberg an der Oder

Oder-Spree-Kanal in Fürstenberg

Schafe halten die Reicherskreuzer Heide offen
Strecke legen nach der Jagd in Siehdichum

Sommerwiese bei Kieselwitz

Ein Reh sucht frische Triebe

Der erste Frost am Kleinen Treppelsee im Schlaubetal

Farn mit kalten Füßen

Winter auf der Hochfläche von Fünfeichen

Eis auf dem Ziskensee

Hohler Lerchensporn im Fasanenwald bei Neuzelle

Helmknabenkraut, eine von 14 Orchideenarten im Naturpark Schlaubetal

Haubentaucher mit Nachwuchs auf dem Hammersee

Junge Gänsesäger mit Mutter

Generalshügel der »Warschauer Höhe« in der Lieberoser Heide

Wildnis gegen Beton

Reicherskreuzer Heide mit Aussichtsturm

LANDSCHAFTSPUZZLE

Einer, der Landschaften gerne ungeschminkt in Szene setzt, ist Jacek Jaśko. Auf seinen Fotografien – die meisten sind schwarzweiß – sieht man ein Riesengebirge jenseits der Postkartenmotive. Schroffe Berghänge, dichte Wälder, die Kammlinie der Sudeten, nach der die Wolken greifen: Jacek Jaśko zeigt das Riesengebirge *avant la lettre*, also vor seiner Entdeckung als romantisches Motiv durch Maler und Schriftsteller.

Vielleicht hat das auch damit zu tun, dass Jacek Jaśko in Kopaniec lebt, einem kleinen polnischen Bergdorf abseits des Riesengebirgstourismus bei Schreiberhau/Szklarska Poręba. Lange bevor ich Jacek persönlich kennengelernt habe, habe ich ihn in dem wunderbaren Dokumentarfilm *Schlesiens Wilder Westen* von Ute Badura gesehen. An eine Szene erinnere ich mich noch heute. Jacek sitzt mit einem Freund am Küchentisch, mit Neugier und Demut betrachten sie alte Fotografien aus der Zeit, in der Kopaniec noch Seifershau hieß. Als ihn die Filmemacherin zu diesen Fotos befragt, sagt er bloß: Ich kann nur an einem Ort heimisch werden, dessen Geschichte ich kenne.

Das Riesengebirge hat, wie auch die Sächsische Schweiz, alle Stadien durchlaufen, die es für die Entdeckung einer Landschaft als touristischen Ort braucht. Zuerst galt es als

Brücke im Dorchtetal bei Neuzelle

schroff und unwirtlich, dann kamen die Romantiker und entdeckten seine bizarren Felsen und tiefen Täler, schließlich verbreiteten Reiseführer diese Entdeckungen, bis dann die Investoren auftauchten und Hotels bauten. Die Landschaft wurde nun als Sehenswürdigkeit vermarktet. Ihre Geschichte aber schrumpfte auf einen Mythos. Im Falle des Riesengebirges war es der von Rübezahl, den die Polen gleich nach 1945 als *Liczyrzepa* adoptierten.

Jacek gibt sich mit diesem Mythos nicht zufrieden. Auf seinen Fotografien sucht er etwas, was man den *genius loci* nennen könnte, den Charakter der Landschaft vor ihrer Vermarktung. Einer Landschaft freilich, die nicht *a priori* existiert, sondern von Menschenhand gemacht ist, die Berge, die Wälder, der Lauf der Bäche, die Dörfer. Erst durch die Jahrhunderte entsteht die Kultur- und Geschichtslandschaft, deren Gesicht wir heute kennen und die Ute Badura in ihrem Film *Schlesiens Wilder Westen* gezeigt hat.

Und was ist mit Brandenburgs wildem Osten? Der hat zunächst mit einem schlechten Image zu kämpfen, wie zeitgenössische Reiseberichte um 1800 bezeugen. Während die Schönheit der Berge, aber auch die Flusstäler des Rheins längst entdeckt waren, galt der zur Niederlausitz gehörende Süden der Region von Siehdichum nach wie vor als »tiefes Sandmeer« und »unfruchtbare Steppe«. So notierte der Pastor Christian Gottlieb Schmidt aus Constappel bei Dresden in seinen 1789 in Wittenberg erschienenen *Briefen über die Niederlausitz*:

»So bald man die Elbe aus dem Gesichte verliehret, verschwindet auf einmal der wenige Reiz, den unsere platte Gegend hat, die Kultur nimmt ab, und magre Sandfelder, dürre Steppen, abwechselnd mit diken Walde, und zuweilen in der Ferne mit armseligen kümmerliches Auskommen verkündigenden Hütten und einige Meilen lang die Gegenstände, über die das Auge lieber dahin eilet als sich dabei aufhält.«

Von einer Vermarktung der Region und einem Massentourismus wie im Riesengebirge oder der Sächsischen Schweiz ist die Region um Siehdichum also noch weit entfernt, auch wenn das Schlaubetal inzwischen seinen Ruf als Geheimtipp zu verlieren beginnt. Vor allem fehlt der Region ein Mythos, mit dem sie sich vermarkten ließe. Das mag für die Tourismusinformationen in Müllrose und Neuzelle, Beeskow und Eisenhüttenstadt ein Dilemma sein, gibt es doch nicht viel, das für die Region als *pars pro toto* steht. Natürlich ist da der barocke Zauber in Neuzelle und die romantische Schönheit der Täler von Schlaube und Dorche. Aber es gibt nicht den Rübezahl, der stellvertretend für die Geschichte der Region steht. Vielmehr ist die Gegend um Siehdichum ein Landschafts- und Geschichtspuzzle, das erst mühsam zusammengesetzt werden muss, bevor man sich ein Bild von ihr machen kann.

Puzzeln also. Das Bild Stück für Stück zusammenfügen. Zum Beispiel auf der Landkarte der Lausitz von Johann Hübner & Johann Baptist aus den zwanziger Jahren des 18. Jahrhunderts. 30 Jahre bevor Siehdichum zum ersten Mal anlässlich der Hochzeit im Jagdhaus der Mönche von Neuzelle erwähnt wurde, sehen wir im nördlichsten Zipfel der Niederlausitz das Territorium des Stifts Neuzelle. Es reicht von Fürstenberg an der Oder bis Ratzdorf an der Neißemündung. Auch das heute östlich von Oder und Neiße in Polen liegende Kuschern/Kosarzyn gehörte damals zur Abtei des Zisterzienserordens. Nach Norden hin reichte das Gebiet von Neuzelle bis kurz vor den Friedrich-Wilhelm-Kanal und nach Westen bis zur Schlaube.

Westlich der Schlaube begann das Land der Johanniter.

Das Ordensamt auf der Burg Friedland, das dem Herrenmeister in Sonnenburg, heute Słońsk, unterstand, gehörte zur Ballei Brandenburg, damals das einzige protestantische Gebiet des sonst katholischen Ordens. Es reichte im Norden über Grunow bis nach Mixdorf und im Westen bis zum Schwielochsee. Auf der Karte von Hübner & Baptist ist es als »Herrschaft Friedland« eingezeichnet.

Die dritte Herrschaft im Bunde ist die Herrschaft Lieberose. Sie gehörte keinen Mönchen und Ordensrittern, sondern den Grafen von der Schulenburg. Sie waren es auch, die das einzige Schloss der Region errichteten. Während Neuzelle zum Kreis Guben gehörte, gehörten Friedland und Lieberose zum Lübbenschen oder Krummspreeischen Kreis der seit 1635 sächsischen Niederlausitz, der den Reisenden Pastor Christian Gottlieb Schmidt 1789 so außerordentlich erschreckt hatte.

Aber auch in Brandenburg hatte man so seine Vorbehalte gegenüber der sächsischen Niederlausitz. An der alten Grenze zwischen Mark und Niederlausitz wurde von Schülern der Waldschule Müllrose vor einiger Zeit ein historisches Grenzhäuschen wieder aufgebaut. Dass es zwischen Brandenburgern und Sachsen nicht immer harmonisch zuging, zeigt die 1646 veröffentlichte Chronik von Tzschernsdorf, heute Schernsdorf, aus der an dem Grenzhäuschen zitiert wird: »Die Stadt Müllrose, welche im Lebuser Kreis liegt, wird mit einem brandenburgischen Grenzschutz versehen. Die Pässe bei Müllrose und Schlaubehammer sollen täglich überwacht werden, damit nicht so viel Gesindel aus Sachsen in den Lebuser Kreis käme.«

Kann es in einer Landschaft, durchzogen von ehemaligen Grenzen und schließlich 1815 bunt zusammengewürfelt, überhaupt Gemeinsamkeiten geben? Oder ist die regionale

Identität, von der Jacek Jaśko am Beispiel von Kopaniec spricht, in der Gegend rund um Siehdichum ebenso ein Puzzle wie die Geschichtslandschaft? Hat es nicht Gründe, warum die Region zwischen Spree und Oder, Müllrose und Lieberose nicht einmal einen Namen hat? Ist mein Unterfangen, hinzuschauen – Sieh dich um! – anders als bei Jacek Jaśko in Kopaniec also zum Scheitern verurteilt?

Nächster Versuch also. Kein historisches Puzzeln diesmal, sondern ein landschaftliches. Das Bundesamt für Naturschutz BfN in Bonn gliedert die Naturräume und Großlandschaften Deutschlands in das Norddeutsche Tiefland, das Zentraleuropäische Mittelgebirgsland, das Südwestdeutsche Mittelgebirgs-/Stufenland, das Alpenvorland, die Alpen und die Meeresgebiete. Die Gegend von Siehdichum gehört zum Norddeutschen Tiefland und dort wiederum zum Ostbrandenburgischen Heide- und Seengebiet. Die kleinste naturräumliche Einheit, die es beschreibt, trägt die Kennziffer 826 und heißt Lieberoser Heide und Schlaubegebiet. Abgegrenzt wird es im Westen von der Beeskower Platte, im Norden von der Berlin-Fürstenwalder-Spreetalniederung, im Osten vom Fürstenberger Odertal, im Südosten vom Gubener Land mit dem Diehloer Höhenzug und im Süden vom Spreewald. Also auch hier wieder: Grenzen über Grenzen, aber keine Region, von der alle sagen würden: Da gehören wir hin.

Das Gleiche gilt für die Touristiker. Das Seenland Oder-Spree, Brandenburgs meistbesuchte Tourismusregion, ist anders als der Spreewald oder das Havelland, eine ausgesprochene große Urlaubsregion. Sie reicht vom Berliner Stadtrand bis zur Oder und umfasst die Landkreise Oder-Spree, Märkisch Oderland und die kreisfreie Stadt Frankfurt (Oder). In der Region um Siehdichum wirbt sie für die Tourismusregion Schlaubetal wie auch der in Müllrose ansässige Verein Tourismus Marketing Schlaubetal. Der gleichnamige

Naturpark wiederum umfasst nicht nur das Tal der Schlaube von der Quelle bis Müllrose, sondern auch die Reicherskreuzer Heide, die wiederum zur Lieberoser Heide gehört, die außerhalb des Naturparks liegt. Verwaltungstechnisch gehört der Naturpark zu den Landkreisen Oder-Spree, Dahme-Spreewald und Spree-Neiße.

Wie man es auch wendet, es wird daraus keine Region. Vielleicht muss ich mich damit abfinden, dass der neue Lebensmittelpunkt, in dem ich mich beheimaten will, keine historisch gewachsene Region und auch keine naturräumliche Einheit bildet, sondern seit jeher im Schatten anderer Regionen stand. Von Berlin aus gesehen war sie ein weißer Fleck der Mark, wo sich König und Hardenberg ungestört zum Stelldichein treffen konnten. Aber auch von Prag und Dresden betrachtet, war sie das weit im Norden liegende Grenzland zur Mark Brandenburg. Wie schwer es Grenzlande haben, sich selbst in den Mittelpunkt zu stellen, ließ sich in den Jahren nach der Wende am deutsch-polnischen Grenzgebiet beobachten. Es dauerte lange, bis aus dem Grenzfluss Oder ein gemeinsamer Erfahrungsraum wurde, in dem der Fluss nicht am Rande, sondern im Mittelpunkt liegt.

Eine solche Tugend, die aus der Not gemacht wurde, hat unsere Region noch vor sich. Doch das Beispiel der Neuzeller Mönche gibt mir Mut. Mit dem Namen Siehdichum haben sie nicht nur den schönsten und wildreichsten Ort im Schlaubetal gewürdigt, sondern der Nachwelt auch ein Vermächtnis hinterlassen. Siehdichum ist eine Aufforderung, die Sinne zu schärfen, die Landschaft mit eigenen Augen zu sehen und zu beschreiben, ohne dabei zu vergessen, warum sie so geworden ist. Siehdichum heißt aber auch: Bleib nicht stehen, mache dich auf den Weg, begib dich selbst auf die Suche nach anderen Orten, die diesen Namen verdienen.

Mein Siehdichum ist deshalb realer Ort und Imagination zugleich, ästhetischer Imperativ und Platzhalter für die weitgehend unbekannte Region im toten Winkel zwischen Mark und Niederlausitz. Als Sehschule macht Siehdichum neugierig auf das Verhältnis von Landschaft und Geschichte, Metropole und Provinz, Mensch und Wald. Und es lädt ein, eine bislang namenlose Region zu entdecken, indem man das Terrain, das einen umgibt, erkundet, markiert und die Menschen darin zu Wort kommen lässt. Landschaftskommunikation als ein Baustein regionaler Identität, es wäre nicht das erste Mal.

Dabei ist mir mit der Zeit allerdings eines deutlich geworden: Ich verstehe Siehdichum und drum herum vielleicht besser, wenn ich es nicht von Westen und Nordwesten her zu ergründen versuche, also von Berlin und Beeskow, sondern von Süden. Das Kloster Neuzelle zum Beispiel wurde vom Meißner Markgrafen Heinrich dem Erlauchten gegründet, um weit oben im Norden den Brandenburgern den Weg nach Stettin zu versperren. Das Gleiche gilt für die Stadtrechte, die er Fürstenberg verliehen hat.

Und dann ist da noch die Niederlausitz, über die man in Berlin gerne hinwegsieht, diese Region, in der die Menschen für die Kohle auf die Straße gehen und gleichzeitig protestieren, wenn ihre Dörfer abgebaggert werden. Ich gebe es zu. Ich habe lange gezögert, mich zur Niederlausitz zu bekennen. Wer will schon zu den Verlierern gehören? Aber dann wurde ich neugierig. Wer sagt denn das mit den Verlierern? Was ist das für ein Landstrich, den viele nur aus dem Wetterbericht kennen, weil die Durchschnittstemperatur in der Lausitz höher liegt als im Rest von Brandenburg?

Und woher kommt dieses Gefühl des Abgehängtseins? Zur Besonderheit der Niederlausitz gehören die wechselnden Herrschaften und die oft große Distanz zu den jeweiligen Landesherren. Schon im 14. Jahrhundert, als die Lausitz Böhmen zufiel, war die Zentralgewalt weit weg. Von Prag aus waren Neuzelle und Friedland 223 beziehungsweise 225 Kilometer Luftlinie entfernt. So kam es, dass die Landesherrschaft kaum sichtbar war in dieser entlegenen Region des Königreichs Böhmen. Kaiser Karl IV. machte Prag zum *caput regni*, zum Zentrum seines Reiches, ließ die Karlsbrücke bauen und Europas erste Universität nördlich der Alpen gründen.

Doch die Markgrafschaft Lausitz ganz im Norden, die er 1367 erworben hatte, überließ er sich selbst.

Noch abgehängter war die Region, als Böhmen und mit ihm das Markgraftum Niederlausitz 1526 an die Habsburgermonarchie fielen. Nun wurden Neuzelle und Friedland vom 449 beziehungsweise 459 Kilometer entfernten Wien aus regiert. »Durch das Fehlen eines im Lande residierenden Landesherrn«, schreibt Winfried Töpler in seiner umfassenden Geschichte des Klosters Neuzelle, »waren die Stände zur bestimmenden Kraft im Lande geworden.« Es waren also nicht die Kaiser und Könige in Prag oder der Kaiser in Wien, die in der Niederlausitz das Sagen hatten, sondern die Äbte von Neuzelle, die Ordensritter in Friedland oder die Schulenburgs in Lieberose.

Das änderte sich auch nicht, als die Niederlausitz mitten im Dreißigjährigen Krieg 1635 an das Kurfürstentum Sachsen fiel. Zwar war der Dresdener Hof von Neuzelle und Friedland nur noch 132 beziehungsweise 123 Kilometer entfernt. Auch versuchten die Kurfürsten stärker, zentralistische Strukturen zu schaffen. Doch die Stände blieben weiterhin die eigentliche Macht im Lande. Nicht einmal dem Abt von Neuzelle konnte der Kurfürst den Vorsitz im Niederlausitzer Landtag in Lübben streitig machen.

Als Preußen 1815 die Lausitz übernahm, fand Berlin also eine Region vor, die fast schon eine »Adelsrepublik« geworden war, wie Töpler urteilt. Mit allen Vor- und Nachteilen ihres polnischen Vorbildes, nämlich demokratisch auf der einen Seite und unregierbar auf der anderen. Wusste Preußen etwas mit diesem Erbe anzufangen? In einem Staatsvertrag vom 18. Mai 1815 hatten Preußen und Sachsen erklärt, dass »von dem heutigen Tage an immer Frieden und Freundschaft seyn« solle. Doch die Freundschaft mag sich in Sachsen in Grenzen gehalten haben, denn der preußische König war fortan auch Herzog von Sachsen, Landgraf von Thüringen und Markgraf der beiden Lausitzen. Ganz dem Klischee entsprechend krempelte Preußen als erstes die Verwaltung um. Neue Provinzialbehörden wurden geschaffen, die Niederlausitz wurde in die neue Provinz Brandenburg eingegliedert und von Frankfurt (Oder) aus regiert. »So wurde die Selbständigkeit der Niederlausitz völlig beseitigt, und ihre politischen Strukturen gingen zum größten Teil unter«, schreibt Winfried Töpler.

So puzzelt sich unsere Landschaft also langsam zusammen, auch wenn der Name, den ich ihr probehalber gebe, bislang nicht mehr ist als ein Gedankenspiel. Wenn ich mich auf der Karte in unserer Küche umsehe, erkenne ich aber, dass da etwas ist, das diese Landschaft tatsächlich verbindet. Es sind die Wälder, die östlich von Beeskow beginnen und erst an den Oderwiesen hinter Neuzelle enden. Nach Süden reicht der Wald bis Lieberose und nach Nordosten bis kurz vor Frankfurt (Oder).

Es ist eine Waldlandschaft, werde ich Jacek Jaśko sagen, wenn ich ihn das nächste Mal treffe. Keine Gebirgslandschaft wie bei euch, aber dennoch haben deine und meine Landschaft etwas gemeinsam. Es waren einst entlegene Regionen an der Grenze, deren Herren weit weg waren. Also haben sie etwas aus ihrer Grenzlage gemacht oder nicht. Bei euch waren es die Glashütten, für die die Wälder abgeholzt wurden, bei uns wurden die Eichen als Schiffsholz verkauft und die Wälder dienten den Bauern als Lebensunterhalt. Von Schönheit hat damals noch keiner gesprochen.

Oder doch? Vielleicht, lieber Jacek, haben wir euch ja eines voraus: Die Schönheit unserer Region rund um Neuzelle, Friedland, Beeskow und Lieberose ist eher entdeckt worden als die des Riesengebirges. Denn mitten in unserem Landschafts- und Geschichtspuzzle liegt der magische Ort, den die Mönche des Zisterzienserordens zum Jagdgebiet erkoren haben: Siehdichum. Jetzt hoffe ich nur, dass ihr ein Mythos wie der des Rübezahls erspart bleibt.

HIMMLISCHES THEATER

Neuzelle

Ganz schwarz ist der Tunnel, aber an seinem Ende schimmert Licht. Als Auferstehung inszeniert das Kloster Neuzelle seine restaurierten Passionsdarstellungen aus dem 18. Jahrhundert, nennt sie gar Himmlisches Theater. Ein eigenes Museum wurde ihm dafür hergerichtet, es befindet sich im ehemaligen Kutschstall. Vom Foyer geht es dann den dunklen Gang hinab zum Licht. Als Leuchtschrift bildet es den Schriftzug: Dein Grab soll herrlich sein.

Es war der Abt Gabriel Dubau, der zwei Jahre nach dem Bau des Jagdhauses in Siehdichum 1748 den böhmischen Maler Joseph Felix Seyfried nach Neuzelle holte. Auf Leinwänden und Holztafeln malte der Künstler Szenen der Leidensgeschichte Christi. Insgesamt entstanden 14 Passionsszenen sowie eine Auferstehungsszene in fünf Bühnenbildern. In der Tradition des Heiligen Grabes schuf der Künstler sein Werk, das alle Jahre zu Ostern den Gläubigen vorgeführt wurde. Von den etwa 240 großformatigen Tafeln und Leinwänden haben sich 220 erhalten, die aufwändig rekonstruiert wurden und den Schatz des 2015 eröffneten Museums bilden.

Auferstanden war auch das Kloster selbst. Das Erbe, das Gabriel Dubau 1742 als Abt angetreten hatte, war nicht einfach. Zu Beginn des 18. Jahrhunderts hatten zahlreiche Unruhen das Kloster erschüttert. In den Klosterdörfern verweigerten die Bauern die Dienste, schlugen illegal Holz, widersetzten sich den Anordnungen der Klosterbeamten. Ihre

Losung lautete: »Einer vor alle und alle vor einen«. Anführer der protestierenden Bauern war der in Treppeln geborene Lehnschulzensohn George Wollenberg, der versucht hatte, die Last, die seit dem Dreißigjährigen Krieg auf den Dörfern lag, mit einem Federstrich zu halbieren. Kurzerhand verfasste er ein »Stiftslandbuch«, das er auf das Jahr 1604 zurückdatierte. Darin waren die Dienste der Bauern deutlich gemindert. »Mit Beschwerden bei der Oberamtsregierung versuchten die Klosteruntertanen ihre vermeintlichen Rechte durchzusetzen, was zu etlichen Prozessen mit dem Kloster führte«, schreibt Winfried Töpler in seiner Neuzeller Klostergeschichte. »Dienstverweigerungen und Handgreiflichkeiten sollten ihren vermeintlichen Rechten mehr Nachdruck verleihen.«

Wo Unrecht zu Recht wird, werden Fälschung und Widerstand zur Pflicht? Das Kloster sah das anders. 1734 wurde Wollenberg inhaftiert und wegen Fälscherei verurteilt. Außerdem erhielten 102 Stiftsuntertanen aus 23 Dörfern, darunter 20 Schulzen, Geldstrafen. Wollenberg, dieser Robin Hood von Neuzelle, den der Abt einen »rebellierenden Unterthanen« nannte, starb 1744 im Klostergefängnis. In der DDR wurde die 1957 in Fürstenberg (Oder) gegründete LPG nach ihm benannt.

Vor dem Hintergrund dieser Konflikte erscheint Dubaus Ruf an den böhmischen Maler Joseph Felix Seyfried in einem anderen Licht. Gut möglich, dass die üppig ausgemalte Leidensgeschichte Jesu, mit der man zu Ostern die Bauern zu den Passionsspielen lockte, auch eine politische Aufgabe hatte: Das aufrührerische Landvolk sollte die irdischen Sorgen nicht allzu schwer nehmen und sich an Jesus Christus ein Beispiel nehmen.

Auch der 1758 in Auftrag gegebene und 1763 vollendete Stiftsatlas ist nicht nur ein Dokument der Vermessung des klösterlichen Besitzes zwischen Oder und Schlaube. Im Atlas sind jedes der 35 Klosterdörfer sowie die Stadt Fürstenberg an der Oder mit einer Karte und einer detaillierten Beschreibung aufgelistet. Das Kataster des Klostergrundbesitzes wird mit einem Vorwort eingeleitet, das keinen Zweifel daran lässt, worum es dem Kloster mit den Vermessungen ging:

»Aus denen davon verzeichneten Plans und dero Registern extract, weise verfertigt, und darinne nicht nur alle herrschaftlichen Regalien und Vorwerks Pertinenzien, sondern auch sämtlicher dero Unterthanen Höffe, Hütten, Aecker, Dielen, Gärten, desgleichen Zinsen, Dienste und Schuldigkeiten, nicht weniger alle Dorff und Feld Kräntzen, und was sonst bey jedem Ort und Feldmark zu bemerken, beschrieben und specificiret zu finden.«

Mit dem Stiftsatlas wollte Abt Gabriel Dubau die Machtverhältnisse wieder gerade rücken und einen Schlussstrich unter die Aufstände ziehen.

Immer wieder, wenn ich nach Neuzelle komme, fühle ich mich überwältigt und versuche mich dagegen zu wehren. Gegen den Anblick der barocken Stiftskirche Sankt Marien und der Kreuzkirche, die vom Fasanenwald im Südosten aus zu sehen sind, von der Oderaue im Osten natürlich, aber auch, wenn man sich dem Kloster von Norden nähert. Überwältigt bin ich auch, wenn ich durch das dreiflügelige Tor des 1736 entstandenen Altangebäudes gehe und mich noch einmal zurückwende. Dann sehe ich den aus dem Flüsschen Dorche aufgestauten Klosterteich und den Damm, der ebenfalls im 18. Jahrhundert im Rahmen der barocken Umgestaltung des Klosters angelegt wurde. Ein letzter Blick zurück, und ich bin im Kloster.

Vor mir erhebt sich die Klosterkirche, die ich schon von weitem sehen konnte, rechts davon öffnet sich der Stiftsplatz genannte weiträumige Klosterhof, umgeben von der Kanzlei und dem Kutschstall sowie einer Mauer nach Osten hin, durch die der Weg in den Klostergarten führt. Auch dieser ist ein Werk des 18. Jahrhunderts, Gabriel Dubau hatte ihn als Abt vollendet. Seine barocke Geometrie ist im Stiftsatlas ebenfalls der Nachwelt überliefert.

Es scheint, als sei der Atlas eine Zäsur gewesen für das Neuzeller Kloster, ein Wiederaufbäumen und zugleich eine Botschaft an die protestantische Umgebung. Seht her, seht die wahre Schönheit, den Reichtum der Altäre, die Pracht der Fresken, die strenge Geometrie des Gartens. Ein wahres Feuerwerk hatten Dubau und vor ihm Abt Martinus Graff mit der barocken Umgestaltung des Klosters abgebrannt. Ich weiß bis heute nicht, ob ich der Überwältigung erliegen oder sie obszön finden soll. Vielleicht ist sie sogar tragisch. Fünfzig Jahre nachdem Dubau seine Herrschaft vermessen und im Atlas verewigen ließ, war das Kloster in Neuzelle Geschichte.

Seinen Anfang hatte es mit dem mittelalterlichen Landesausbau genommen. Samt einigen Ländereien und Dörfern wurde Neuzelle am 12. Oktober 1268 vom Meißner Markgrafen Heinrich dem Erlauchten gestiftet. Zwei Tage zuvor war Heinrichs Frau Agnes von Böhmen gestorben. Doch der Stiftungsakt war nicht nur eine letzte Ehrerweisung, er sollte auch die Herrschaft der Wettiner in der von Slawen besiedelten Lausitz sichern und ausbauen.

Doch auch die Klostergründung brachte der Niederlausitz keine Ruhe. Nach Heinrichs Tod war das Markgraftum zwischen Sachsen und Brandenburg umkämpft, bevor es zu den askanischen Markgrafen von Brandenburg kam. Nachdem deren Linie erloschen war, erwarb Karl IV., König von Böhmen und Kaiser des Heiligen Römischen Reichs, die Region und verleibte sie im 14. Jahrhundert der Krone Böhmens ein. Doch schon Karls Söhne verloren wieder das Interesse an der Lausitz. Nun begann, was Winfried Töpler in seiner Geschichte über das Kloster Neuzelle die *Adelsrepublik* in der Niederlausitz nannte. Weil die Landesherren weit weg waren, übernahmen die Adligen und Ritter das Sagen. Die Niederlausitz wurde mit Fehden überzogen und versank im Chaos.

Als die Hussiten 1429 die Lausitz überfielen, hatten sie leichtes Spiel. 14 Jahre zuvor war ihr Anführer Jan Hus, einer der ersten Reformer der katholischen Kirche, in Konstanz hingerichtet worden. Weil sich auch der Neuzeller Abt Petrus I. gegen die Lehren von Jan Hus und für die Todesstrafe ausgesprochen hatte, war der Überfall auch ein Rachefeldzug. In einer Gubener Handschrift ist zu lesen: Die Hussiten »kehreten das Kloster umb, hangeten die Mönche zum laden heraus heiben ihnen handt und füsse ab, und was sie sich nur erdenken konnten, thäte sie ihnen schmach und schande an«. Abt Petrus und zwanzig Mönche kamen ums Leben, der Rest des Konvents flüchtete nach Frankfurt ins Kartäuserkloster. Einzig einem Laienbruder, der sich im Dachstuhl versteckt hatte, war es zu verdanken, dass die Klosterkirche vor den Flammen gerettet werden konnte.

Drohte dem Kloster, das bald wieder aufgebaut worden war, im 16. Jahrhundert ein ähnliches Schicksal? Bald schon nachdem Martin Luther seine Thesen veröffentlicht hatte, schlossen sich die meisten Untertanen in den zu Neuzelle gehörenden Dörfern der neuen Lehre an. Weil der Landesherr des 1526 an die Habsburger gefallenen Böhmen nun in Wien saß und nicht weiter einzugreifen gedachte, konnte sich die Reformation in der Niederlausitz ohne größere Widerstände ausbreiten. Allerdings gab es auch keine landesherrliche Unterstützung wie in der Mark Brandenburg. So kam es, dass die protestantischen Dörfer und das katholische Kloster nebeneinander existierten.

Schlimmer waren die Bedrohungen aus einer ganz anderen Ecke Europas. Weil die Türken im 16. Jahrhundert vom Balkan Richtung Wien vorgedrungen waren und 1541 Budapest erobert hatten, brauchte Österreichs Ferdinand I., seit 1526 auch König von Böhmen und Markgraf der Niederlausitz, Geld für seine Türkenkriege. Auch die Klöster mussten dazu ihren Beitrag leisten. Während diejenigen in Österreich vergleichsweise glimpflich davonkamen, musste Neuzelle tief in die Tasche greifen. Um wirtschaftlich überleben zu können, war der Abt gezwungen, zahlreiche Dörfer und Besitztümer zu verpfänden. Von den mehr als 30 Dörfern waren dem Stift im 16. Jahrhundert nur noch zwei Drittel geblieben. Verpfändet und verlehnt waren um 1550 Bahro, Göhlen, Henzendorf, Kieselwitz, Ossendorf, Pohlitz, Ratzdorf, Schwerzko, Steinsdorf, Treppeln, Vogelsang und halb Bresinchen, Lauschütz, Mochlitz, Schiedlo, Schönfeld, Trebitz und Ullersdorf. Für die Bauern bedeutete das nichts Gutes, wurden sie doch von den Pfandjunkern zu weiteren Frondiensten herangezogen.

Als dann im Dreißigjährigen Krieg das Stiftsland weitgehend verwüstet und die Bevölkerungszahl auf ein Fünftel geschrumpft war, schien Neuzelle am Boden zu sein. Erst recht, als die Habsburger im Frieden von Prag 1635 die Niederlausitz an Sachsen verpfänden mussten. Doch dann geschah das Wunder, von dem Neuzelle in seiner heutigen Gestalt erzählt. Dem Abt Bernhard von Schrattenbach gelang es, das Kloster wieder aufzubauen und die verpfändeten Dörfer auszulösen. Aus dem Kloster Neuzelle, das mit Müh und Not durch die schweren Zeiten gekommen war, wurde das Barockwunder, als das es heute touristisch vermarktet wird.

Wenn ich mich von Grunow auf den Weg nach Neuzelle mache, fahre ich also durch ehedem klösterliche Dörfer. Über

Fünfeichen, das schon kurz nach der Reformation einen protestantischen Pfarrer hatte, geht es nach Diehlo, von dort nach Möbiskruge und schließlich ins Dorchetal hinab nach Neuzelle. In all diesen Dörfern ist man heute stolz darauf, einst zum Kloster gehört zu haben. Fast scheint es, als würde der Trick mit den Passionsspielen immer noch funktionieren, als überwiege der Glanz des Klosters den Schatten der bäuerlichen Ausbeutung. Der Glanz von Neuzelle überdauerte auch seine Säkularisierung. Seit seiner Aufhebung durch Preußen 1817 und mit der Gründung eines Stifts ist das Kloster zum *Barockwunder Brandenburgs* geworden und zum kulturellen Leuchtturm der Region um Siehdichum. Bei Feiern wie dem Lichterfest strömen Tausende in den Klosterhof und liefern den Beweis dafür, dass Kloster und Region noch immer zusammengehören.

Und meine Überwältigung? Ihren Höhepunkt erreicht sie, wenn ich die Klosterkirche betrete. Prunk wie diesen sieht man in Brandenburg sonst nicht. In der Stiftskirche St. Marien spüre ich, wie das Wunder des Barock auf die Nüchternheit der protestantischen Umgebung trifft. Beides wieder zusammenzubringen, ist heute die Aufgabe der Stiftung Stift Neuzelle. Sie verwaltet nicht nur das ehemalige Kloster, das Museum in der Klausur um den Kreuzgang oder das Himmlische Theater. Auch die – ganz irdische – Bewirtschaftung der einstigen Besitztümer des Klosters, der Wälder und Forsthäuser gehört zu ihrer Aufgabe. 11.300 Hektar Flächen besitzt die Stiftung Stift Neuzelle, davon über 9.000 Hektar Waldfläche. Und der Wald reicht, wie seit eh und je, vom Kloster bis zur Schlaube. Und natürlich bis zum Forsthaus Siehdichum, wo die Mönche von Abt Gabriel Dubau 1746 ihr Jagdhaus errichtet hatten.

HEIDEREITEREI

Dammendorf, Friedland

Bevor wir nach Grunow zogen und ich in den Bann von Siehdichum geriet, war mein Blick auf den Wald der eines Städters. Der Wald war die Summe seiner Bäume, mehr nicht. Auf *Google Maps* war er grün eingezeichnet, das unterschied den Wald von den landwirtschaftlichen Flächen, den Dörfern und Städten.

In Grunow angekommen, hängte ich in der Küche als allererstes eine Karte auf. Sie reicht im Westen bis Beeskow, im Norden bis Frankfurt, im Süden bis zur Reicherskreuzer Heide und im Osten weit über das Odertal hinaus nach Polen hinein. Immer wenn Besuch kommt, führe ich ihn zu dieser Karte. Gleich hinter Beeskow beginnt der große Wald, zeige ich voller Stolz. Wenn nicht die Oder und ihre Niederungen wären, würde er bis nach Rzepin in Polen reichen. Und gibt es dort nicht die *Puszcza Rzepińska*, fragte ich mich einmal, als der Besuch längst weg war, meine Waldbegeisterung aber anhielt. Heißt *Puszcza* auf Deutsch nicht Urwald? Dass die »Lebuser Heide«, wie die *Puszcza Rzepińska* auf Deutsch heißt, in weiten Teilen ein Kiefernacker ist, ist auf der Karte nicht zu erkennen.

Dabei hätte ich es besser wissen können, denn eine gewisse Begeisterung für den Wald hatte ich schon als Kind entwickelt. Mein Großvater hatte sie mir beigebracht bei zahlreichen Streifzügen durch die Wälder unterhalb des Hohenstaufen. Als ich dann im Alter von Zwanzig nach Berlin gezogen war, suchte ich in der Großstadt umgehend den Wald auf. Meine ersten Berliner Wochenenden verbrachte ich auf ausgedehnten Spaziergängen durch den Grunewald, später demonstrierte ich gegen den Kahlschlag im Tegeler Forst, durch den die neue Autobahn nach Hamburg führen sollte. Wenn es mir zu bunt wurde auf der Westberliner Insel, trampte ich nach Helmstedt, um einen Tag lang im Lappwald zu verschnaufen. Am Abend ging es dann wieder zurück nach Dreilinden.

Erst später, als ich mich mit der Geschichte Berlins zu beschäftigen begann, bekam ich ein Auge dafür, wie viel Wald in dieser Stadt steckte. Schon bei der Ortsbezeichnung Dreilinden hätte ich es wissen können. Und hatte sich Berlin nicht früher als andere Städte 1870 mit Gustav Meyer einen eigenen Gartendirektor gegönnt? Fand nicht 1915, mitten im Ersten Weltkrieg, die erste grüne Revolution statt, wenn auch eine Revolution von oben? Weil immer mehr Bürger gegen die Abholzung des Grunewald durch skrupellose Bodenspekulanten protestiert hatten, kaufte der preußische Staat kurzerhand den Wald auf. Der Stadtwald, durch den ich an meinen ersten Wochenenden in Berlin gestreift bin, war also ein Werk preußischer Voraussicht (und Vorsicht). In einem *Dauerwaldvertrag* hatte ihn der Fiskus für immer und ewig als städtisches Grün gesichert.

Preußischen Heldengeschichten wie denen in Berlin bin ich im lange sächsischen, weil zur Niederlausitz gehörenden Grunow nicht begegnet. Wohl aber schauerlichen Geschichten über die benachbarte Dammendorfer Heidereiterei, die im Auftrag des Johanniterordens im Wald des Ordensamtes für Ruhe sorgen sollte. Nicht immer gelang das, wie Gerhard Krüger, ein Berliner übrigens, in seiner Geschichte des Ordensamtes Friedland berichtet:

»Als der Dammendorfer Heidereiter Schwedter 1563 einem Bewohner des Dorfes Oelsen, Andreas Prietzsch, der unbefugt einen Baum im sogenannten ›Kasten‹ (das ist ein Stück eingezäunten Waldes bei Dammendorf, wo Wild gehegt wurde und wo unter keinen Umständen Holz geschlagen werden durfte) einen Baum abschlug, die Axt pfänden wollte, hieb dieser auf den Heidereiter ein, so dass er nach wenigen Tagen starb. Der Mörder verschwand schleunigst, bot aber den Verwandten des Getöteten, sowie dem Amt, Sühnegeld an.«

Der Heidereiter, der in dieser Geschichte gewaltsam zu Tode kam, ist eine Besonderheit in der Region. Von der Heidereiterei erzählt auch das gleichnamige Museum in Dammendorf, das in der ehemaligen Schule untergebracht ist und von einem Nachfolger des Heidereiters Schwedter, dem Dammendorfer Revierförster Ralf Hartwig, ins Leben gerufen wurde. Heidereiter wurden im Ordensland wie auch in Preußen jene genannt, die für Ordnung im Forst sorgten.

Und das schien keine leichte Aufgabe zu sein, denke ich, als ich in dem 1937 erschienenen Buch von Gerhard Krüger weiterblättere. 1606, lese ich da, war Schwedters Nachfolger als Heidereiter, Georg Groschke, in einen »bösen Händel« verwickelt:

»Die Tochter des Grunower Krugwirtes feierte Verlobung. Unter den zahlreich erschienenen Gästen fehlte auch der Dammendorfer Heidereiter nicht. Als man dem starken Biere schon reichlich zugesprochen hatte, platzte der herrschaftliche Schäferknecht aus Mixdorf in die fröhliche Gesellschaft. Er wollte den Bauern ihre Zwangsdienste für die kommende Woche ankündigen. Der unwillkommene Bote wollte nun gar eine der anwesenden Mägde zum Tanz führen. Da geriet der Heidereiter in Zorn und erstach ihn mit seinem Seitengewehr, so dass er sofort tot zu Boden fiel.«

Heidereiter als Opfer und Mörder? Oft wird das nicht der Fall gewesen sein, denn der Friedländer Chronist aus Berlin wird sich aus den Prozessakten, die ihm als Quelle dienten, nur die interessantesten herausgesucht haben. Freilich verkörperten der Heidereiter und seine Gegenspieler, der Räuber, der Holzdieb oder der Wilderer, das ewig währende Walddrama, dem nicht nur die Märchen der Gebrüder Grimm, sondern auch der zweifelhafte Ruf der Förster entsprangen. Bis zum 18. Jahrhundert war der Heidereiter, ähnlich den Förstern in Siehdichum, nichts anderes als ein Waldpolizist, der sich um die Einhaltung der Gesetze, nicht aber um den Wald selbst kümmerte. Entsprechend gering war sein Ansehen. Erst mit den Aufforstungen im 19. Jahrhundert wendete sich das Bild des Försters zum Positiven, bevor es heute, vor allem nach den Veröffentlichungen von Deutschlands beliebtestem Förster und Waldautor Peter Wohlleben, wieder heiß diskutiert wird.

Von wo aus lassen sich die Geschichten von Dammendorf und seinen Heidereitern besser erzählen? Von den Johannitern ausgehend oder vom kleinen Städtchen Friedland, das sie als Herrschaft 1533 erwerben konnten, um dort ebenso zu wirtschaften wie die Zisterzienser in den Klosterdörfern von Neuzelle? Neben »Burg und Städtchen Friedland«, wie die Herrschaft hieß, zählten damals auch Grunow und Dammendorf, Mixdorf, Oelsen, Reudnitz, Klein Briesen, Chossewitz, Günthersdorf, Karras, Leißnitz, Lindow, Groß und Klein Muckrow sowie Zeust zum Ordensamt der Johanniter.

Zählte das Alter, müsste man mit den Johannitern beginnen. Sie gingen aus dem Malteserorden hervor, der im 11. Jahrhundert in Jerusalem gegründet und nach dem Ersten Kreuzzug zu einem geistlichen und von Rom anerkannten Ritterorden wurde, der sich mehr und mehr karitativen Aufgaben zuwandte. Ihren Namen haben die Johanniter von der

Gründung des Hospitals vom Heiligen Johannes in Jerusalem.

Aufgeteilt in verschiedene »Zungen«, das heißt Sprachen, war auf deutschsprachigem Gebiet die Ballei Brandenburg mit Sitz in Sonnenburg, heute Słońsk, tätig. Die Reformation in Deutschland führte dann zur weitgehenden Autonomie der Ballei, die als einzige im katholischen Orden protestantisch wurde. Ordensrechtlich gehörte Friedland zur Ballei Brandenburg, als territoriale Herrschaft aber zur Niederlausitz.

Für die Bewohner von Friedland und die Bauern in den Dörfern spielte die Geschichte des Ritterordens aber eine eher untergeordnete Rolle, für sie waren die Johanniter die Grundherren einer Herrschaft, die vor 1533 schon mehrfach verkauft worden war. Urkundlich erstmals erwähnt wurde Friedland 1301, die ältere Burg war vermutlich von Heinrich dem Erlauchten angelegt worden, der auch das Kloster in Neuzelle gestiftet und Fürstenberg an der Oder gegründet hatte. Die Geschichte der Herrschaft begann 1307 mit dem Adelsgeschlecht der Strele. Auch das 1387 erstmals erwähnte Grunow und das 1486 gegründete Dammendorf gehörten zur damaligen Adelsherrschaft.

Nach der Gründung des Ordensamtes wurde die Burg in Friedland Sitz der Ordenshauptmänner, die vom Herrenmeister der Johanniter in Sonnenburg ernannt wurden. Über die Herrschaftsverhältnisse zwischen Ordensamt und den Amtsdörfern notiert der schon erwähnte Berliner Gerhard Krüger 1937:

»Der Hauptmann hatte darauf zu achten, dass die herrschaftlichen Gebäude, das Inventar und das Vieh pfleglich behandelt wurden, dass die Weinberge zur rechten Zeit bearbeitet und der Wein gepresst wurde. Er war dafür verantwortlich, dass die Untertanen ihre Abgaben und Dienste richtig leisteten. Deshalb achtete er darauf, dass die Bauern ihre Güter ordentlich bewirtschafteten. Liederlichen Wirten nahm der Hauptmann Haus und Hof weg.«

Auch die Mühlen und Sägewerke im Ordensamt, die an der Oelse entstanden waren, unterstanden dem Ordenshauptmann. Und natürlich hatte er sich um die zahlreichen Grenzstreitigkeiten zu kümmern, vor allem zwischen dem Amt Friedland und dem östlich der Schlaube gelegenen Territorium des Stifts Neuzelle. Gerhard Krüger berichtet auch darüber:

»1718 beanspruchten beiden Seiten einen Platz, der den bezeichnenden Namen der ›Streitberg‹ oder ›Haderberg‹ führte. Hier wollten sowohl der Abt als auch der Ordensmeister Wildbret schießen und Holz fällen lassen. Der Abt machte geltend, dass der Ort von jeher streitig gewesen sei, schon der Name ›Streitberg‹ weise darauf hin. Das Amt Friedland meinte dagegen, mit demselben recht könne man behaupten, der ›Jungfernberg‹ in ihrer Heide gehöre einer Jungfer und der ›Bischofsberg‹ einem Bischof. Die Friedländer Forstbeamten wurden ermahnt, die Rechte des Ordensamtes beim Streitberg wahrzunehmen und keinerlei Übergriffe seitens des Klosters zu dulden.«

Da wurde also mit heiligem Ernst gestritten, freilich war der Anlass ein irdischer. Im Grunde war der Grenzstreit ein Streit ums Wasser. Wer das Quellgebiet der Schlaube beherrschte, beherrschte auch ihren weiteren Lauf und vor allem ihre Mühlen. Das Kloster Neuzelle hat sich mit dem Lauf der Zeit durchgesetzt und beanspruchte beide Ufer der Schlaube für sich. Auch das mag ein Grund dafür gewesen sein, dass sich die Hauptmänner auf der Burg Friedland vor allem auf die Errichtung von Mühlen an der zum Ordensamt gehörenden Oelse konzentrierten.

Wer sich heute in Friedland umschaut, ahnt nichts von der Bedeutung, die das heute neben Märkisch Buchholz kleinste Städtchen Brandenburgs hatte. Der Marktplatz ist nicht wie der in Beeskow quadratisch angelegt, sondern bildet ein verschlafenes Dreieck, in dem nur der Eisladen einen farblichen Akzent setzt. Wenn man Friedland aber in Richtung Beeskow verlässt, findet man rechts der Bundesstraße 168 einige Grabsteine des ehemaligen jüdischen Friedhofs. Auf dem 1709 angelegten Friedhof wurden bis zur Aufhebung der Ballei Brandenburg 1811 auch die Toten der jüdischen Gemeinde in Cottbus begraben. Um 1780 war rund ein Viertel der knapp 500 Bewohnerinnen und Bewohner Friedlands jüdischen Glaubens. Neben der christlichen und der wendischen Kirche gab es auch eine Synagoge sowie ein Badehaus. »Jüdisch Friedland« nannte man die Stadt nun auch.

Auch der bereits erwähnte Gerhard Krüger ging in seinem 1937 erschienenen Buch auf das jüdische Friedland ein. Über die jüdischen Kaufleute, denen der Handel in vielen Städten der Niederlausitz verwehrt war, schrieb er:

»So zogen denn die jüdischen Hausierer wieder durch das Land. Sie bemühten sich, die Laufkundschaft zu gewinnen, indem sie ihre Produkte in Zahlung nahmen und ihnen Kredit gewährten. Auf diese Weise hatten sie die Landleute ständig in der Hand.«

Ganz andere Worte dagegen findet Krüger für die christliche Konkurrenz:

»Die christlichen Kaufleute der Niederlausitz waren dagegen bodenständige Leute, die nach der Sitte der Zeit neben ihrem Handel oftmals die Landwirtschaft oder die Bierbrauerei betrieben. Infolgedessen gerieten sie den Juden gegenüber im Handel zuweilen ins Hintertreffen, da diese nur für den Handel zu haben waren. Auf nochmalige dringende Vorstellung der christlichen Händler ordnete die Landesregierung 1733 an, dass die Juden sich auf solche Waren beschränken sollten, die die Krämer nicht führten. Jedoch kümmerten sich die Juden nicht im geringsten um diese Bestimmung.«

Dass aus Friedland ein »Jüdisch Friedland« werden konnte, lag für Krüger daran, dass der Ordensmeister am Schutzgeld, das ihm die Juden zahlen mussten, gut verdiente. Umso mehr begrüßte es Krüger, dass mit dem Wechsel der Niederlausitz von Sachsen zu Preußen das jüdische Friedland ein Ende fand. Grund dafür war eine Gesetzeslücke, wie es sie im Grenzland zwischen Sachsen und Preußen viele gab. Zwar garantierte das zu den Reformen gehörende Edikt von 1812 den Juden in Preußen fortan das Bürgerrecht. Es galt aber nur für jene Landesteile, die zu diesem Zeitpunkt bereits zu Preußen gehört hatten. Das Ordensamt Friedland aber war nach seiner Säkularisierung 1811 noch in ein königlich-sächsisches Amt umgewandelt worden und kam erst 1815 zu Preußen. Viele Juden hatten Friedland zu diesem Zeitpunkt schon Richtung Berlin verlassen.

Welche Rolle spielen Dammendorf und Friedland heute für die Region um Siehdichum? Christian Prengemann, der den Heimatverein in Schönfließ, einem Ortsteil von Eisenhüttenstadt, leitet, hat mir einmal erzählt, dass Grunow und Dammendorf für ihn schon außerhalb seines Einzugsgebietes liegen. Ob es am Johanniterstern liegt, der neben einem Hirschgeweih und einem Wasserlauf das Wappen der Gemeinde Grunow-Dammendorf bildet? Jedenfalls lässt sich die alte Grenze zwischen Neuzelle und Friedland bis heute in den *mental maps* einiger Bewohner ablesen. Und auch die zwischen Sachsen und der Mark Brandenburg. »In Schönfließ orientiere ich mich nach Süden«, sagt Christian Prengemann, »ich weiß viel besser was in Neuzelle oder Ratzdorf los ist als in Müllrose.«

Haben die alten Bindungen auch Zukunft? Wenn ich von Grunow ins vier Kilometer entfernte Oelsen fahre, begrüßt mich gleich am Dorfeingang ein Schild, das darauf hinweist, dass Oelsen zu Friedland in der Niederlausitz gehört. Friedland selbst scheint den lokalen Bindungen aber weniger zu trauen. Um für sich selbst einen Platz in der Welt zu finden, ging das Städtchen 1996 Partnerschaften mit anderen Städten und Gemeinden ein, die ebenfalls den Namen Friedland tragen: Friedland (Mecklenburg), Friedland (Niedersachsen), Prawdinsk (Friedland in Ostpreußen), Mieroszów (Friedland N.S.), Frýdlant nad Ostravicí (Friedland an der Ostrawitza), Frýdlant v Čechách (Friedland in Böhmen), Mirosławiec (Märkisch Friedland) sowie Debrzno (Preußisch Friedland).

AUSMISTEN

Beeskow

Der alte Plunder ist mehr als hundert Jahre alt. Töpfe, Münzen, landwirtschaftliches Gerät. Was halt so zusammenkommt, wenn man die Bewohner einer Stadt bittet, zur Gründung eines Heimatmuseums beizutragen. Das Museum in Beeskow geht zurück auf einen Sammlungsaufruf von 1906. Knapp hundert Jahre nach dem Stelldichein von Friedrich Wilhelm III. mit dem preußischen Reformer Hardenberg besuchte am 26. und 27. Mai des Jahres wieder ein Spross der Hohenzollern die Stadt an der Spree, wenn auch nur ein Kronprinz. Dass Wilhelm von Preußen den Weg in die östliche Provinz Brandenburg fand, hatte einen besonderen Grund. Es galt die 350-jährige Zugehörigkeit Beeskows zu Preußen zu feiern. 1556 waren die Herrschaften Beeskow und Storkow in den weltlichen Besitz der Hohenzollern übergegangen.

Ein Heimatmuseum also, das die Verbundenheit zu Preußen und den endgültigen Abschied Beeskows von der Niederlausitz feiern sollte. »An alle, die im Besitz von Altertums- und Kunstgegenständen sich befinden«, hieß es im Sammlungsaufruf, »auch an Gemeinden, Innungen, Korporationen und Vereine ergeht daher die Bitte, solche dem unterzeichneten Festausschuss für die Altertumssammlung zur Verfügung zu stellen.«

Der Wille der Obrigkeit war den Beeskowern Befehl. Bald wurde im Seitenchor der mächtigen Marienkirche Platz gemacht für eine Heimatstube. Die Sammlung blieb der Stadt auch nach dem Umzug auf die Beeskower Burg in den dreißiger Jahren erhalten. Nach dem Krieg wurde das Museum als Biologisches Heimatmuseum mit einer Abteilung für Ur- und Frühgeschichte wiedereröffnet. Die nach der Wende neu präsentierte Sammlung blieb dann bis 2017 zwanzig Jahre unverändert.

Der alte Plunder kann nun weg. »Töpfe und Münzen hat jeder«, findet Steffen Schuhmann und nennt damit den Anstoß, warum aus dem angestaubten Stadtmuseum ein Regionalmuseum Oder-Spree werden soll. »Unsere Sammlung ist kein Grund, das Museum zu besuchen.« Der Professor für Visuelle Kommunikation an der Kunsthochschule Berlin weiß, dass er den Beeskowern einiges zumutet. Er weiß aber auch, dass frischer Wind in die Beeskower Burg ziehen muss. Später wird er das, was ihn umtreibt, salopp »Preußen raus, Alltag rein« nennen.

Dass Beeskow sein Stadtmuseum ausmistet und nun vor allem die Geschichte der Gegenwart erzählen will, hat mit dem neuen Selbstbewusstsein der Stadt zu tun. Das 8.000 Einwohner zählende Beeskow ist seit der Zusammenlegung der Altkreise Eisenhüttenstadt, Beeskow und Fürstenwalde 1993 nicht nur Kreisstadt von Oder-Spree. Die Stadt hat sich auch herausgeputzt. Die Stadtmauer mitsamt den sechs erhaltenen Türmen wurde nach der Wende saniert und ergänzt – eine einzigartige mittelalterliche Wehranlage in Brandenburg finden die Besucher seitdem vor. Auch die Marienkirche, die die erste Heimatstube beherbergt hatte und im Krieg stark beschädigt wurde, hat wieder ein Dach. Im Jahre 2002 bekam die gotische Kirche, die mit ihrer Länge von sechzig Metern zu den größten Hallenkirchen in Brandenburg zählt, auch ihre Turmspitze zurück. Wenn ich die zehn Kilometer von Grunow nach Beeskow fahre, ist Sankt Marien schon von weitem zu sehen. Das ist wie eine Art Begrüßung.

Vielleicht muss ich an dieser Stelle etwas gestehen. Ohne Beeskow in der Nähe hätte ich mich in Grunow nicht so schnell heimisch gefühlt. Vor allem im Winter, wenn es Überwindung kostet, aufs Fahrrad zu steigen oder die Wanderschuhe anzuziehen, ist Beeskow eine süße Verführung. Im inhabergeführten Café Carmeleon am Marktplatz gibt es den besten Espresso weit und breit, gleich daneben führt Bauer Klaus aus Groß Muckrow seinen Bioladen, und abends kann man in der Kirchenklause unterhalb der Marienkirche den Tag ausklingen lassen. Wer auf dem Land lebt und etwas städtisches, wenn auch kleinstädtisches Ambiente dennoch nicht missen will, kommt in Beeskow, mehr noch als in Müllrose oder Lieberose auf seine Kosten. Eisenhüttenstadt ist noch einmal eine andere Sache.

Und dann ist da noch die Lage Beeskows an der Spree. Von Süden her, wo Brandenburgs einzige Handseilfähre von Leißnitz am östlichen Ufer der Spree nach Ranzig am Westufer verkehrt, mäandert der Fluss durch die Spreewiesen nach Norden und teilt sich, schon auf dem Stadtgebiet von Beeskow angekommen, in die Hauptspree mit dem ihr angeschlossenen Bahrensdorfer See und den Walkmühlengraben, die beide die Spreeinsel umfassen. Den schönsten Blick auf die Stadt hat man vom Spreegraben. Auf der einen Seite thront Sankt Marien, auf der anderen die Burg, und dazwischen ist nichts als blaues Wasser und grüne Wiesen.

Den endgültigen Ausschlag für meine anhaltende Zuneigung Beeskow gegenüber gab die Burg. Die mächtige Wasserburg mit dem 30 Meter hohen Bergfried wurde schon in der ältesten Urkunde der Stadt 1272 erwähnt. Sie entstand in der Nähe der um 1200 auf der Spreeinsel bestehenden slawischen Fischersiedlung. Der Kietz, wie die Siedlung genannt wurde, ist auch heute noch eine Welt für sich und bildet neben Burg und Markt die drei historischen Gründungsorte Beeskows.

Das Besondere an der Beeskower Burg ist, dass sie lebt. Im Burghof finden Freilichttheater, Konzerte und Märkte statt, der Stadtschreiber oder die Stadtschreiberin, die sich Beeskow leistet, leben im Atelierhaus der Burg, gleich neben einem neu eröffneten Café und Restaurant. Auch das Kulturamt des Kreises Oder-Spree hat dort seinen Sitz. Gegenüber, im Amtsgebäude, befinden sich die Museumsräume, in denen das neue Regionalmuseum das alte Stadtmuseum ersetzen wird.

Beeskow, das ahnt man schon bald, hätte sich selbst genügen können. Dass die Burg dennoch einen radikalen Schnitt gemacht hat, liegt auch an Steffen Schuhmann. Als klar war, dass aus dem Stadtmuseum ein Museum für den Landkreis werden soll, das sich der Zeit nach 1945 widmet und die Menschen in den Mittelpunkt der Erzählung stellt, haben die Verantwortlichen auf der Burg den Kontakt zur Kunsthochschule Berlin gesucht, die schon seit der Wende eine Außenstelle im nahen Sauen betrieb. Kaum war die Kooperation besiegelt, haben die Studierenden die Sammlung des Museums gesichtet und ausgewertet. Anschließend wurde sie unter dem Titel »Wegen Inventur geöffnet« mehrere Monate auf der Burg gezeigt. Die Beeskower konnten nun mit eigenen Augen sehen, welcher Staub auf den »Töpfen und Münzen« liegt. Nach Heimat schmeckte das nicht mehr, eher nach einem musealen Friedhof.

Gleichzeitig haben die Studierenden das Prinzip der »Sehschule Siehdichum« in die Praxis umgesetzt und sind in die verschiedenen Regionen des Landkreises ausgeschwärmt, um Interviews zu führen und zu recherchieren. »Wenn wir mit den Menschen vor Ort sprechen, lernen wir mehr über die Region, als wenn wir in ein Museum gehen, wie es jeder hat«, meint Steffen Schuhmann, der nicht nur in Berlin lebt, sondern auch im nahen Falkenberg. Von der alten Sammlung jedenfalls wird in Beeskow nicht mehr viel zu sehen sein. Stattdessen werden in der neuen Ausstellung Porträts von 16 weiteren Menschen aus verschiedenen Orten des Landkreises zu sehen sein. Neben seiner Geschichte stellt jeder der Porträtierten dem Museum ein Objekt zur Verfügung. Dieses wird dann von einem Objekt aus dem Bestand der Sammlung ergänzt. »Ort + Mensch + Reportage + zeitgeschichtlicher Gegenstand + historischer Gegenstand = Ausstellung«, nennt das Steffen Schuhmann in seinem »offenen Konzept« des Museums.

Ab dem Jahreswechsel 2020 und 2021 beginnt die neue Zeit im Gedächtnis der fast 800 Jahre alten Stadt. »Wir werden jedes Jahr ein neues Thema haben«, umschreibt Schuhmann die neue Philosophie. 2020 lautete das Jahresthema »Haben und Brauchen«, dabei ging es auch um die Frage, wer von der Wende 1989 und 1990 profitiert hat und wer nicht. Danach geht es dann um »Essen und Trinken«, »Gehen und Bleiben« oder »Schindern und Scharwerken«. »Mit den Jahresthemen können wir auch auf die aktuellen Debatten im Land reagieren«, ist Steffen Schuhmann überzeugt. Man kann es auch so sagen: Im Museum Oder-Spree wird künftig die ganze Zerrissenheit ausgestellt, die das Leben im ländlichen Raum ausmacht. Damit aber können sich Museum und Besucher auf Augenhöhe begegnen. Ich verstehe das Museum, das Museum versteht mich: Kein schlechter Beitrag zum Thema regionale Bindung und Identität.

Mit dem Museum Oder-Spree, da bin ich mir sicher, wird die Burg in Beeskow mehr noch als bisher zum kulturellen Kraftzentrum der Region. Vor allem aber bindet das neue Museum auch Lieberose in seine Erzählung ein, das bis zur Kreisreform 1993 zu Beeskow gehört hatte, dann aber dem

Landkreis Dahme-Spreewald zugeschlagen wurde. So früh Beeskow zu Preußen gehört haben mag, so sehr hat es sich seine Beziehungen zur Niederlausitz erhalten. Vor allem der Luckauer Turm, genannt der Dicke Turm, zeugt davon, dass Beeskow um 1450, als die Wehranlage gebaut wurde, stärker in Richtung Spreewald und Lausitz orientiert war als ins unbedeutende Berlin. Er markiert den südlichen Eingang zur Altstadt. Weitere Tore waren das Frankfurter Tor im Osten und das Fürstenwalder Tor im Norden. Ein Berliner Tor im Westen gab es nicht.

WENDISCHE KIRCHE

Lieberose

Siehdichum von Süden her denken, das habe ich mir im zweiten Jahr meines Aufenthalts tatsächlich zu Herzen genommen. Dabei habe ich mich oft gefragt, warum Lieberose zu meinem Lieblingsstädtchen im Süden wurde und was diese ganz besondere Stimmung dort hervorruft. Ist es der sich ungewöhnlich in Länge und Breite ziehende Anger, wenn man von Cottbus kommt? Lieberose begrüßt einen dort jedenfalls als ein in die Länge gezogenes Dorf. Oder ist es das Schloss der Schulenburgs, das, halb saniert, halb Ruine, noch nicht recht weiß, welchen Platz in der Geschichte es einmal einnehmen wird? Vielleicht ist es aber auch der wie in Friedland zu einem langen Dreieck aufgezogene Marktplatz, in dessen Mitte nicht nur das Rathaus steht. Auch zwei Kirchen befinden sich dort. Die im Krieg zerstörte Stadtkirche und die sich dahinter verbergende, ocker und weinrot getünchte Landkirche, die einmal die Wendische Kirche war.

Wahrscheinlich ist es das, was Lieberose so besonders macht: Obwohl der letzte wendische, das heißt in sorbischer Sprache abgehaltene Gottesdienst um 1790 stattfand, hat die Wendische Kirche den Krieg überstanden, während ihn die protestantische Kirche nur als Ruine überlebt hat. Wie oft gibt es in der Geschichte Sieger und Verlierer, die derart symbolisch den Platz gewechselt haben?

Eine deutsche und eine wendische Kirche, eng an eng beieinander, das gab es in der Niederlausitz sonst nur in Friedland. Zwar hat auch Cottbus eine wendische Kirche, aber sie wurde nicht als solche gebaut. Die sorbisch-sprachigen Gottesdienste wurden seit der Reformation in der Klosterkirche des um 1300 gegründeten Franziskanerklosters abgehalten. In Friedland wiederum wurde die wendische Kirche, die in direkter Nachbarschaft zur deutschen Kirche stand, bei einem Stadtbrand 1822 zerstört und nicht wieder aufgebaut. Stattdessen wurde die deutsche Kirche durch einen gotisierenden Erweiterungsbau vergrößert, um Platz für die sorbische Gemeinde zu schaffen.

In Lieberose, dem zauberhaften Städtchen am nördlichen Rande des Spreewalds, ist es genau andersherum gewesen. Weil die deutsche Kirche in Ruinen lag, finden die evangelischen Gottesdienste seit dem Krieg in der ehemaligen Wendischen Kirche statt. Die Sorben, die in der Niederlausitz einmal die Mehrheit der Bevölkerung ausmachten, geben der einstigen Minderheit den Platz, den sie braucht. Selbst das Epitaph des bedeutendsten Schulenburgs, Joachim des Reichen, steht heute in der Landkirche. Dort dient es als Altar. Wenn es nur immer so gewesen wäre.

Lieberose lag schon immer am Rande, irgendwo im vergessenen Landstrich zwischen Spreewald und Schwielochsee, zwischen dem Schlaubetal und der Lieberoser Heide. So strickte der bereits genannte Pastor Christian Gottlieb Schmidt aus Constappel bei Dresden in seinen *Briefen über die Niederlausitz* nicht nur mit am Bild einer Region, die im Wesentlichen aus »tiefen Sandmeeren« und »unfruchtbaren Steppen« besteht. Schmidt war es auch, der die Gegend um Lieberose, das damals zum Kreis Lübben gehörte, mit einem abschätzigen Blick als unterentwickeltes Sorbenland belächelte.

»Jetzt führe ich Sie, mein Freund, in den unkultivirtesten, sandigsten und unangenehmsten Kreiß der Niederlausitz, den Lübbbenschen oder Crummspreischen, und ich rathe Ihnen, sich ja nicht weit von der Stadt zu entfernen und Excursionen aufs Land zu machen, wenn Sie es nicht bei jedem Schritt fühlen wollen, daß Sie in der Gegend sind, die Ihnen so oft als die Wendische Tartarei vorgestellet wurdet.«

Der Lübbensche oder auch Krummspreeische Kreis umfasste um 1800, als die knapp 20.000 Bewohner zählende Niederlausitz noch zu Sachsen gehörte, das Gebiet südlich der Krummen Spree, die in Trebatsch, Briescht und Kossenblatt die Grenze zur Mark Brandenburg bildete, sowie das Ordensamt Friedland, zu dem auch die waldreiche Region westlich von Siehdichum gehört. Auch die Bewohner in Grunow und Dammendorf gehörten damals zur »Wendischen Tartarei«. Neuzelle dagegen gehörte zum Gubenschen Kreis, den Schmidt als lieblich und wohlhabend beschreibt, vielleicht, weil dort auch Wein angebaut wurde.

Begonnen hatte die sorbische Besiedlung der Niederlausitz mit der Völkerwanderung. Ab dem Beginn des 7. Jahrhunderts wanderten slawische Stämme von Osten in die Region zwischen Elbe und Oder ein. Die einen, die Lusici, gaben der Lausitz ihren Namen, doch prägend bis weit in unsere Zeit waren ihre Nachfahren, die Sorben oder Wenden. Noch im frühen 17. Jahrhundert war die Niederlausitz ein nahezu geschlossenes sorbisches Siedlungsgebiet. Nur eine kleine Oberschicht von Handwerkern, Lehrern und Beamten waren Deutsche, sagt der Historiker Andreas Weigelt, der am Marktplatz zwischen Rathaus und der Ruine der Stadtkirche eine Freilichtausstellung über die Geschichte der Wendischen Kirche kuratiert hat. Inzwischen hat er auch ein Buch darüber veröffentlicht.

Als Treffpunkt hat Weigelt »Markt 6« vorgeschlagen, ein hübsches Café mit Innengarten, von dem man auf den

Marktplatz und die beiden Kirchen schauen kann. Dass die Sorben den Gottesdienst in der Wendischen Kirche in ihrer Sprache empfangen durften, sagt Weigelt, hatte mit der Reformation zu tun. Zwar hatte sich Martin Luther ebenso wie gegenüber den Juden abfällig über die Sorben geäußert. Zu seinen Grundüberzeugungen gehörte es aber auch, dass Gottesdienste nicht mehr in lateinischer Sprache, sondern in der jeweiligen Volkssprache abzuhalten seien – und sei es zur Not auch auf Sorbisch.

Erstmals nachgewiesen ist eine sorbische Predigt zwar erst im Jahre 1686. Damals wurde einem Verstorbenen namens Hans Golb aus Doberburg, so steht es in den Kirchenbüchern, »eine wendische Leichenpredigt in der wendischen Kirche« von Lieberose gehalten. Allerdings geht schon 1574 aus der Kirchenordnung für Lieberose und Lübbenau hervor, dass das Sorbische zum Kirchenalltag gehörte. Der Empfang der Sakramente, heißt es dort, solle »in der Sprache geschehen, wie es die Leute jedes Ortes verstehen können – also deutsch oder sorbisch«.

»Was die Sorbenpolitik in der Niederlausitz angeht, ragt die Kirchenordnung der Schulenburgs heraus«, lobt Andreas Weigelt. »In den wenigen Kirchenordnungen, die überliefert sind, regelt explizit nur die Lieberoser von 1574 die Predigt in sorbischer Sprache.« In Auftrag gegeben hatte die Kirchenordnung Joachim II. von der Schulenburg. Joachim der Reiche, wie er auch genannt wurde, ließ den West- und den Ostflügel des Schlosses bauen und baute den Chor der Pfarrkirche zur Grablege der Familie um. Die Schulenburgs hatten Lieberose und die umliegenden Dörfer 1519 übernommen und bis zum Ende des Zweiten Weltkriegs deren Geschicke bestimmt.

Auch die sorbische Schriftsprache hatte sich im 16. Jahrhundert entwickelt. Erste Handschriften sind die Taufagenda des Zossener Diakons von 1543 und die Übersetzung des Neuen Testaments von Nicolaus Jakubike von 1548. Das erste gedruckte sorbische Buch war das »Wendische Gesangbuch mit Katechismus« aus dem Jahre 1574, dem gleichen Jahr, in dem auch die Kirchenordnung der Schulenburgs veröffentlicht wurde. Verfasst hat es Albin Moller, ein Pfarrer aus dem nahe Lieberose gelegenen Straupitz. Auch zur Lieberoser-Lübbenauer Kirchenordnung hat sich Moller geäußert, wie auf einer Tafel der Freiluftausstellung zu lesen ist:

»In den beiden Städten Lubbenaw und Lübbroß soll man, wie bisher geschehen, die Feiertage und Freitags die lateinischen Gesänge behalten, die andern Tage in den Metten und Vespern, auch wenn man die Woche predigt, deutsche Psalmen singen und auch wendische um des gemeinen Volkes willen dieser Orte, so der Sprache gewohnt. Auf den Dörfern aber soll man es bei den wendischen Gesängen, wie es das Volk verstehen kann, bleiben lassen.«

Die erste wendische Kirche in Lieberose entstand aber erst nach dem Tod Joachims des Reichen, sagt Andreas Weigelt. »In der Leichenpredigt für Joachim wurde noch keine wendische Kirche erwähnt.« Die erste Notiz findet sich während des Dreißigjährigen Krieges. Wallensteins kroatische Reiter hatten 1634, so steht es in einer Chronik, nicht nur die Stadt Lieberose, sondern auch eine »ganz neue wendische Kirche« niedergebrannt. Weigelt vermutet, dass es bereits die zweite wendische Kirche in Lieberose gewesen war. Zu ihrem Einzugsgebiet gehörten damals die Dörfer Behlow, Blasdorf, Doberburg, Goschen, Jamlitz, Lamsfeld, Groß und Klein Liebitz, Mochlitz, Münchhofe und Staakow sowie die Vorwerke Hollbrunn, Burghof, Stockshof, Sieheshoff und Damme.

Der Dreißigjährige Krieg markiert auch einen Wendepunkt in der Sorbenpolitik sowohl der Sachsen, zu dem die

Niederlausitz seit 1635 gehörte, als auch der Mark Brandenburg. Am 9. Dezember 1667 erließ der brandenburgische Kurfürst Friedrich Wilhelm ein Edikt, das die sorbische Sprache aus den Kirchen verbannen und »wendische Manuskripta« vernichten sollte. Das selbe Ziel hatte die *Ohnvorgreifliche Monita* des sächsisch-merseburgischen Herzogs, mit der der »Wendische Kirchen-Gesang gänzlich eingestellt werden« sollte. Aus diesem Grunde sollten die Kirchenpatrone die »Manuscripta mit alten Wendischen Gesängen« als »abgöttisch« erklären und »abschaffen laßen«. Namentlich genannt ist auch das Gesangbuch des Straupitzer Pfarrers Albin Moller.

Was steckte hinter dem Rollback? Ein Grund, sagt Andreas Weigelt, sei der Wechsel der Hohenzollern vom lutherischen zum calvinistischen Glauben gewesen. Dieser war weit weniger tolerant als die Lehre von Luther. »Die antisorbische Politik nach dem Dreißigjährigen Krieg hat aber auch mit den Unruhen der Vergangenheit zu tun«, ergänzt Weigelt. »In Luckau, heißt es damals, soll ein Wendenkönig gekrönt worden sein. Der hat offenbar noch 150 Jahre später den Großen Kurfürsten in Angst und Schrecken versetzt.«

Waren die Wenden eine Gefahr für die öffentliche Ordnung in der sächsischen Niederlausitz oder im märkischen Teil des Grenzgebiets? Drohten gar Bauernaufstände oder Unruhen wie im Stiftsgebiet von Neuzelle nach dem Dreißigjährigen Krieg? Die Schulenburgs, denen die Herrschaft Lieberosse gehörte, hatten diese Sorge offenbar nicht. Entgegen der Monita aus Dresden, hielten sie an ihrer toleranten Politik gegenüber den Sorben fest. Das Gleiche galt für die preußische Exklave in Sachsen, der Gegend um Cottbus und Peitz.

Was aber wäre, wenn die Toleranz ein Mitgrund dafür war, dass sich Lieberose, im Vergleich zu Beeskow zum Beispiel, kaum weiterentwickelt hatte. Hatte die »wendische Tartarei«, die Pastor Christian Gottlieb Schmidt 1789 so abfällig belächelte, ihren Ursprung in der toleranten Politik der Schulenburgs gegenüber den Sorben? Waren die Sorben der Grund, warum es in der Lausitz, sieht man einmal von Cottbus und Guben ab, nur Ackerbürgerstädte gab, die mit dem überregionalen Handel und Warenaustausch wenig zu tun hatten? Waren die Sorben ein Modernisierungshindernis?

Auf der Suche nach der Antwort auf diese Fragen bin ich verschiedenen Erklärungen begegnet. Für Günter Bayerl, einen emeritierten Professor für Technikgeschichte an der BTU Cottbus, liegt die Rückständigkeit der Region nicht an den Sorben oder den schlechten Böden, sondern an der Grenzlage zwischen Preußen und Sachsen: »Es war wohl die politische Situation, die einen Aufschwung der Niederlausitz behinderte.« Laut Bayerl müsse »die Frage gestellt werden, ob nicht die über Jahrhunderte währende Lage der Niederlausitz als gemeinsames Grenzland zweier sich feindlich gegenüberstehender Länder mehr zur Verhinderung des wirtschaftlichen Aufschwungs beigetragen hat, als ein überwiegend sandiger Boden der Landschaft.«

Ein zeitgenössischer Bericht scheint diese Auffassung zu belegen. So beschreibt Karl August Engelhardt die Rivalität zwischen Sachsen und Preußen folgendermaßen:

»Seit 1736 entbrannten die Zollkämpfe zwischen dem Markgraftum und dem Brandenburgischen von neuem (…) Um 1740 lag der Handel im Markgraftum ganz darnieder, so dass die Stände die Regierung dringend ersuchten, dahinzuwirken, dass das Commercium mit Brandenburg wie vor alters wieder ungehindert betrieben werde. (…) Seit aber Friedrich II. daranging, Sachsen zu schikanieren und die Einfuhr sächsischer Waren zu erschweren, dieses aber zu Repressalien griff und 1755 ein Verbot fast sämtlicher preußischer Fabrikwaren erließ, wurde auch das Markgraftum stark von diesen Maßnahmen betroffen.«

Es herrschte also vor der Abtretung der Niederlausitz 1815 an Preußen ein regelrechter Handelskrieg in der Region. Die Folge war, dass an den Grenzen der Schmuggel zunahm. Und dass Preußen, wie es im nachgebauten Grenzhäuschen bei Müllrose steht, das »sächsische Gesindel« von der Einreise abhalten wollte.

Andreas Weigelt geht in seinen Überlegungen noch weiter zurück in die Geschichte. »Die deutsche Kolonisierung des Gebiets zwischen Oder und Elbe war im Grunde ein Raubzug in den Slawengebieten.« So habe etwa Gero, der erste Markgraf der Niederlausitz, schon um das Jahr 940 die slawische Oberschicht vernichtet. »Ähnlich war es auch bei den Wendenkreuzzügen im 12. Jahrhundert. Das war reiner Rassismus«, so Weigelt. »Da hieß es etwa, die Wenden könnten nichts mit der Landschaft anfangen, sie liegen bloß rum, seien faul und selbstgenügsam.« Und natürlich hatte die Tatsache, dass die Sorben in den ärmsten Gegenden siedelten, auch damit zu tun, dass sie sich immer weiter zurückziehen mussten. Das zeigt in Weigelts Freilichtausstellung eine Karte, die das sorbische Sprachgebiet 1650, 1750 und 1850 darstellt. Die zur Minderheit gewordene ehemalige Mehrheit wurde geradezu auf die unfruchtbaren Gegenden zurückgedrängt.

Aber auch die Schulenburgs macht Weigelt für die Rückständigkeit der Region verantwortlich. »Wir müssen uns fragen, warum die Landschaft so geworden ist, wie sie ist«, sagt er. »Die Schulenburgs besaßen hier alles. Ihnen gehörten 80 Prozent der Flächen, die Stadt Lieberose, die Dörfer. Das alles haben sie selbst bewirtschaftet.« Anders als es der Namenszusatz »der Reiche« für Joachim II. von der Schulenburg vermuten lässt, stand die Adelsfamilie immerzu am Rande des Ruins. »Deshalb haben sie auch einiges versucht, um wieder auf die Beine zu kommen«, erklärt Weigelt. »Im 18. Jahrhundert haben sie zum Beispiel neue Deiche oder auch die Samendarre errichtet, wo sie Samen für amerikanische Verhältnisse gezüchtet haben, die dann nach Amerika verschifft wurden.«

Doch Gutswirtschaft blieb Gutswirtschaft. Auch nach dem Wechsel der Niederlausitz zu Preußen, der Bauernbefreiung und dem Einzug einer neuen, modernen Verwaltung änderte sich wenig in der Herrschaft Lieberose, weiß Weigelt. »Da konnte sich kaum einer selbstständig machen. Sowohl in der Stadt als auch in den Dörfern waren fast alle von den Schulenburgs abhängig.«

Für Weigelt ist das auch ein Grund dafür, weshalb auf dem Besitz der Schulenburgs in der Reicherskreuzer und der Lieberoser Heide zuerst der SS-Truppenübungsplatz und später dann das Manövergelände der Sowjets entstehen konnten. »Die SS brauchte nur mit einem einzigen Eigentümer zu verhandeln, der riesige Ländereien hatte, auf denen aber keine nachhaltige wirtschaftliche Entwicklung stattgefunden hatte.«

Und heute? Andreas Weigelt erzählt, dass er kein Auto habe. »Wenn ich früher nach Berlin fahren wollte, bin ich als Jugendlicher mit dem Bus nach Jamlitz und von dort entweder über Cottbus oder Grunow mit dem Zug nach Berlin gekommen. Heute muss ich erst mit dem Bus nach Cottbus oder Lübben, um in den Zug steigen zu können.« Diese Erfahrung des Abgehängtseins, sagt er, habe aber nicht nur mit den schlechten Verbindungen in dieser berlinfernen Peripherie zu tun. »Das Besondere an der Niederlausitz ist ihre Herrschaftslosigkeit. Nie konnte eine sorbische Mittelschicht entstehen. Alle, von den Pfarrern angefangen, kamen immer von außen. Es war eine immerwährende Fremdherrschaft. Das ist auch das Geheimnis der Mentalität, die man heute kennt. Das Abgehängtsein, wie die Leute über die Obrigkeit reden. Auch die Erfolge der AfD. Auch unter Sorben gibt es viel AfD-Stimmen.«

Was für ein Paradox. Da wählen die Sorben, als eine Art später Rache, die AfD, während die Deutschen, wie zuletzt in Lieberose, den Antrag ablehnten, zum sorbischen Siedlungsgebiet zu gehören. »Mental will man wohl nicht zu den Verlierern der Geschichte gehören«, lautet dafür die Erklärung von Andreas Weigelt.

OFFENE ERINNERUNGSLANDSCHAFT

Jamlitz

Es soll kein Gras drüber wachsen. Nicht über das Leid der jüdischen Häftlinge, die auf einer Fläche von fast 400 Quadratkilometern den SS-Truppenübungsplatz »Kurmark« bauen sollten. Nicht über die 17 Dörfer, die für dieses Vorhaben umgesiedelt werden sollten. Nicht über die Sowjets, die das Gelände nach Kriegsende als Schießplatz der Gruppe der Sowjetischen Streitkräfte in Deutschland nutzten. Nicht über das Speziallager Nr. 6, das der sowjetische Geheimdienst NKWD an der Stelle errichtete, an der sich bis 1945 das »Arbeitslager Lieberose« befunden hat, ein Außenlager des Konzentrationslagers Sachsenhausen. Hierher holte man die Arbeitskräfte aus Auschwitz und schickte sie zur Vernichtung zurück, wenn sie nicht mehr arbeitsfähig waren.

Statt Gras drüber wachsen zu lassen, wird die Landschaft offen gehalten. Was zunächst klingt wie ein Konzept von Landschaftsplanern, die der Heide, auf der einmal Panzer rollten, eine zweite Chance geben wollen, kann auch als Idee des Gedenkens verstanden werden. Eine offene Erinnerungslandschaft, die es dem Betrachter selbst überlässt, die Puzzlestücke zu einem Bild zusammenzufügen. Die eingezäunte Ruine des »Weißen Hauses«, einst Beobachtungsstand der Roten Armee, gehört ebenso zu dieser Erinnerungslandschaft wie die beiden Dokumentationsstätten in Jamlitz, das antifaschistische Mahnmal in Lieberose oder der jüdische Friedhof in Staakow. Und natürlich Brandenburgs größte gepflegte Heidelandschaft, die Reicherskreuzer Heide.

Welche Dimension der Truppenübungsplatz für die Waffen-SS haben sollte, begriff ich erst, als ich auf der Karte mit dem Finger über jene Dörfer ging, die dafür aufgegeben werden sollten: Lübbinchen, Blasdorf, Reicherskreuz, Pinnow, Mochlitz, Henzendorf, Schönhöhe, Leeskow, Treppeln, Staakow, Ullersdorf, Kobbeln, Jamlitz, Klein Muckrow, Groß Muckrow, Chossewitz und Kieselwitz. Die Mehrzahl der 17 Dörfer gehört heute, wie auch die Reicherskreuzer Heide selbst, zum Naturpark Schlaubetal.

Heinrich Himmler, Reichsführer SS und Chef der Gestapo, hatte die Pläne für den 38.854 Hektar großen Truppenübungsplatz nach der verlorenen Schlacht von Stalingrad im Frühjahr 1943 aus der Schublade gezogen. »Doch in den Dörfern gab es Widerstand«, weiß der Historiker Andreas Weigelt, der sich nicht nur mit der sorbischen Geschichte der Region beschäftigt, sondern auch die beiden Dokumentationsstätten in Jamlitz leitet. »Bauern und Bürgermeister schrieben Gesuche an Himmler, der schon bald davon sprach, dass da eine wendische Bandenbewegung entsteht.« Zunächst versuchte die Gestapo mit einzelnen Verhaftungen den Widerstand zu brechen. Dann drohte Himmler damit, dass die Dörfer nach dem Krieg ohnehin der Braunkohle weichen müssten. Schließlich gab er klein bei. »Himmler wollte wohl keine slawischen Märtyrer schaffen«, glaubt Andreas Weigelt.

Die Umsiedlung war vom Tisch. Der Truppenübungsplatz sollte dennoch errichtet werden. Noch aber war der Kaufvertrag zwischen der SS und dem Besitzer der Flächen, Graf Albrecht von der Schulenburg, nicht unterzeichnet. »Himmler hatte ihm Ersatzflächen im besetzten Osten angeboten, aber darauf ließen sich die Schulenburgs nicht ein«, sagt

Weigelt. »Weil sich die Verhandlungen in die Länge zogen, bestand die SS auf einem Vorvertrag, damit noch vor dem Eintrag ins Grundbuch mit dem Bau der Baracken begonnen werden konnte. Das war die Geburtsstunde des Außenlagers Lieberose in Jamlitz.«

Ein erster Transport von Häftlingen aus Sachsenhausen traf am 9. November 1943 in Jamlitz ein. Bis zum 1. April 1944 wurden die ersten sechs Häftlingsbaracken westlich des Bahnhofs errichtet. Am 5. Juni 1944 erreichte dann der erste Massentransport von 2.400 ungarischen Juden aus Auschwitz den Bahnhof von Jamlitz, der damals noch »Staatsbahnhof Lieberose« hieß. »Die höchste Belegung erreichte das Lager mit etwa 4.350 Häftlingen in 18 Baracken im Spätherbst 1944«, sagt Weigelt. Zu dieser Zeit haben bereits die ersten Rücktransporte nach Auschwitz begonnen, wohin insgesamt 14.000 Häftlinge aus Jamlitz zur Vernichtung deportiert wurden. In Jamlitz selbst, schätzt Weigelt, haben 3.500 Häftlinge ihr Leben gelassen haben. Es ist damit der Ort mit den meisten Opfern der Shoah in Brandenburg.

Andreas Weigelt ist 1963 in Lieberose geboren, wollte erst Leistungssportler werden, studierte dann Geschichte in Berlin und kehrte 1994 in seine Heimatstadt zurück. Seitdem beschäftigt er sich mit der Geschichte des KZ-Außenlagers. Und mit dem schwierigen Gedenken an die Opfer.

Diese Opfer kamen entweder auf einem Todesmarsch ums Leben, der am 2. Februar 1945 nach Sachsenhausen aufbrach. Oder sie wurden einer »Sonderbehandlung« unterzogen. So nannte die SS den Massenmord, der zwischen dem 2. und dem 4. Februar 1945 stattgefunden hat. Ihm fielen 1.342 kranke Häftlinge zum Opfer. Dass nach dem Krieg Gras über diese Massenerschießung wachsen konnte, liegt für Weigelt auch am Verhalten der sowjetischen Besatzungsmacht. »Meines Erachtens ist durch kein Sowjetisches Militärtribunal eine Weiterermittlung im Falle des Massenmords und eine eventuelle Exhumierung der Leichen betrieben worden, weil sich auf dem Lagergelände in Jamlitz seit September 1945 das sowjetische Speziallager Nr. 6 befand und an jüdischen Opfergruppen von sowjetischer Seite wenig Interesse bestand.«

Am besten erreicht man das ehemalige Außenlager auf der Bundesstraße 320 von Lieberose Richtung Guben. Am Ortsende des idyllisch gelegenen Dorfkerns von Jamlitz geht es links hinein in den Kiefernweg. Gleich hinter der Einfahrt befand sich von 1943 bis 1945 das Lagertor des KZ und von 1945 bis 1947 das Tor zum sowjetischen Speziallager. Heute stehen rechts und links des Kiefernwegs Einfamilienhäuser aus DDR-Zeiten. Nicht nur Gras wuchs über den Ort der Shoah, er wurde sogar überbaut.

Nach fünfhundert Metern tauchen am Waldrand gläserne Stelen auf, die die Evangelische Kirchengemeinde Lieberose und das Land Brandenburg aufgestellt haben. Auf der östlichen Seite des Fahrwegs informieren sie über die Geschichte des Speziallagers Nr. 6. Westlich davon wird an das Außenlager des KZ Sachsenhausen erinnert, das im offiziellen Sprachgebrauch der SS »Arbeitslager« hieß. Von dort führt der Weg zu einem 2018 eingeweihten Gedenkort, neben dem sich damals die so genannten »Schonungsblocks« befanden, jene Baracken also, in denen all jene eingepfercht wurden, die zu schwach waren, um sich am 2. Februar 1945 auf den Weg nach Sachsenhausen zu machen. Es ist jene Stelle, an der die meisten Opfer des Massakers durch Maschinenpistolensalven oder Genickschüsse ermordet wurden. Eines der letzten Massenverbrehen der Shoah, an dem sich neben Lagerkommandant Wilhelm Kersten 20 bis 30 weitere SS-Angehörige beteiligten. Drei Tage lang dauerte das Morden, in dieser Zeit, so berichten es Anwohner, sei die Straße von Jamlitz nach Guben gesperrt gewesen. Die Leichen wurden dann abtransportiert und unter anderem in eine Kiesgrube beim benachbarten Staakow geworfen.

Es dauert eine Weile, bis ich begreife, an welchem Ort ich stehe. An keinem anderen Konzentrationslager in Brandenburg war die Zahl der Opfer, meistens waren es Juden aus Polen und Ungarn, höher als in Jamlitz. Dennoch ist das Lager als Ort der Shoah weitgehend unbekannt. Für Andreas Weigelt liegt das nicht nur an den Sowjets, sondern auch an der Erinnerungspolitik der DDR. Als Kind hat er erlebt, wie 1973 das antifaschistische Mahnmal in Lieberose eingeweiht wurde. Zwei Jahre zuvor waren in der Kiesgrube von Staakow die Gebeine von 577 Toten gefunden worden. Unter Missachtung der jüdischen Bestattungsregeln wurden sie eingeäschert und im September 1971 bei der Grundsteinlegung des KZ-Mahnmals ins sieben Kilometer entfernte Lieberose gebracht. Bei der Einweihung des Mahnmals ist auch der Lagerstein in Jamlitz entfernt und nach Beeskow auf die Burg gebracht worden. »Von 1973 bis zum Ende der DDR 1990 erinnerte in Jamlitz nichts an dieses Lager«, sagt Weigelt. Erst 1990 kehrte der Lagerstein auf Betreiben von Jamlitzer Einwohnern an seinen ursprünglichen Ort zurück.

Für den Umgang der DDR mit Jamlitz steht auch Otto Maaß, den Andreas Weigelt in seinem Buch *Umerziehungslager existieren nicht* porträtiert hat. Vom Dezember 1944 bis Februar 1945 wurde der ehemalige Kommunist, der mehrfach von der Gestapo verhaftet worden war, für die AEG Cottbus als Elektriker im KZ-Außenlager Lieberose eingesetzt. Am 2. Februar 1945 wurde er Augenzeuge des Massenmords an den Häftlingen aus den »Schonungsbaracken«. Nach dem Krieg fertigte er am 20. Juni eine Aktennotiz an und nannte acht der Mörder mit Namen, Dienstgrad und Funktion. Otto Maaß wollte die Mörder vor Gericht bringen. Doch dann wurde er durch Hermann Kircher, dessen Cottbuser Elektro-Firma auch in Jamlitz für die SS tätig war, denunziert. Der NKWD verhaftete Maaß als »Agenten der Gestapo« und internierte ihn an jenem Ort, an dem er das Massaker beobachtet hat, nur dass es nun eines von zehn Speziallagern in der Sowjetischen Besatzungszone war. Nach der Auflösung des NKWD-Lagers in Jamlitz wurde er nach Buchenwald verlegt und erst 1950 entlassen. Das Verfahren gegen Kircher, den Maaß nach seiner Entlassung angezeigt hatte, wurde kurz darauf eingestellt.

Über Jamlitz sollte Gras wachsen, aber natürlich wussten sie in den umliegenden Dörfern, warum in Lieberose und nicht am Ort des Mordens an die »Opfer des Faschismus« gedacht werden sollte. »Meine Mutter hat am Küchentisch erzählt, nach dem Krieg hätten sie die ganzen Jungs aus ihrer Klasse abgeholt«, erinnert sich Weigelt an seine Kindheit. »Aber in der Schule haben sie uns gesagt, dass im Lager ausländische KZ-Häftlinge waren. Dieser Widerspruch ist hängen geblieben.« Für Weigelt ist es aber kein Widerspruch. Für ihn gehören beide Lager zusammen, denn sie befanden sich an ein und demselben Ort. Also forscht er seit 1994 sowohl über das Außenlager von Sachsenhausen, über das er promoviert hat, als auch über das sowjetische Speziallager.

Inzwischen ist das Gedenken an das KZ wieder nach Jamlitz zurückkehrt. Am Gedenkort sind neuerdings Zitate eingraviert. Sie stammen von ehemaligen Häftlingen und, was mich zunächst irritiert, auch von SS-Angehörigen. Doch dann spüre ich, wie sie nach der Lektüre von Opferzahlen, den Daten der Transporte oder der Liste der geplanten Umsiedlungen endlich den Raum für ein emotionales Begreifen des Unfassbaren öffnen. So schreibt etwa der norwegische Häftling Bjørn Bie über den 2. Februar 1945: »Als sich die Marschkolonne im Lager aufstellte, reichte sie vom Tor des Lagers bis an die Schonungsbaracken. Dort standen die Häftlinge, die zurückbleiben mussten, und weinten und winkten. Bei dem Abmarsch haben wir uns geküsst, aber keiner von uns hatte Aufwiedersehen gesagt. Ich ging am Ende der Marschkolonne. Als ich durch das Lagertor ging, habe ich den ersten Schuss gehört. Ich höre es noch heute.« Bie hat Jamlitz als einer der wenigen überlebt.

Die SS-Leute hatten, bevor sie in ihren Blutrausch fielen, reichlich Alkohol bekommen. Ein SS-Mann, Karl Schneider, erinnerte sich an den Februar 1945 so: »Nachdem die marschfähigen Häftlinge abmarschiert waren, sprach mich der aus Rudolfsgnad stammende Mathias Roth an. Er sagte: 'Komm geh mit. Wir gehen zum Judenerschießen.«

Als ich den Kiefernweg zurückgehe, fühle ich mich beobachtet, obwohl niemand die Gardine beiseite gezogen hat, um verstohlen auf die Straße zu schauen. Plötzlich steht sie im Raum, die Frage, wie es sich lebt auf dem zugeschütteten Schauplatz eines Massenmordes. Ob man kurz den Atem anhält, bevor man beim Umgraben des Gemüsebeets den Spaten in die Erde sticht. Bin ich als Besucher der Gedenkstätten ein Ruhestörer? Oder sind die Anwohner des Kiefernwegs selbst die Ruhestörer, vielleicht sogar wider Willen, weil ihnen beim Bau der Häuser keiner gesagt hat, welche Leichen sie im Keller haben. Und wieviele von ihnen noch nicht entdeckt wurden. Von den 1.342 Opfern des »Judenerschießens« sind erst 577 geborgen. Wo liegen die anderen begraben? Viele wollen es nicht wissen. Einer zog vor Gericht, als das Amt in seinem Vorgärten graben wollte. Auch wenn Gras über vieles gewachsen ist, Jamlitz ist noch nicht zur Ruhe gekommen.

Immerhin beherbergt die Kiesgrube, in der die 577 Leichen gefunden worden waren, seit 2009 einen jüdischen Friedhof. Auch die Opfer des Speziallagers haben inzwischen einen Friedhof bekommen. Sie sind an der »Gedenkstätte Waldfriedhof« an der Straße von Jamlitz nach Staakow bestattet. Als ich wieder ins Auto steige, frage ich mich, ob es angesichts all des Mordens und Sterbens in Jamlitz noch einen Platz für das Leben gibt, für die Gegenwart, für die Zukunft.

Ich hätte mir nicht träumen lassen, dass ich diesen Ort ausgerechnet am Bahnhof finde, dort, wo die Häftlinge aus Auschwitz angekommen sind und von wo sie später wieder abtransportiert wurden. An jenem Ort, wo die Häftlinge aus dem »Arbeitslager« an zwei Betonmischanlagen die Schwellen für die Schmalspurbahn gießen mussten, die den Bahnhof mit der Baustelle der SS-Kasernen in Ullersdorf verband. »Die ausgehungerten Häftlinge mussten im Dauerlauf zum Bahnhof rennen und schwere Betonplatten, die als Eisenbahnschwellen verwendet wurden, tragen«, schrieb der Häftling Alfred Ehling in der *Berliner Zeitung* im Juni 1945. »Die Betonplatten hatten eine Länge von 1,10 Meter und ein Gewicht von circa 250 Kilogramm. Wer dabei hinfiel, wurde von der Schwelle erschlagen und blieb tot liegen.«

Dennoch ist der 1996 stillgelegte Bahnhof an der ehemaligen Strecke von Frankfurt (Oder) nach Cottbus ein lebendiger Ort. Seit 2012 befindet sich im Bahnhofsgebäude das Projekt »Landeinwärts« des Berliner Jugendhilfevereins Karuna. Zwei Autostunden von Berlin entfernt sollen Straßenkinder in der Abgeschiedenheit der Niederlausitz den Weg zurück ins Leben finden.

Als der Verein 2012 einen Namen für den Bahnhof suchte, war schnell der von Justus Delbrück im Gespräch. Nicht nur wegen seiner antifaschistischen Biografie, sagt Andreas Weigelt, eignete sich Delbrück als Identifikationsfigur für das Projekt. Vielen sei unbekannt, dass Delbrück eine rebellische Jugend erlebt hatte. Er habe sich gegen die Eltern, die treue Anhänger der Monarchie waren, aufgelehnt. Seine Jugend sei »renitent«, und »unangepasst« gewesen: »Er ist eine Identifikationsfigur für die jungen Menschen in diesem Haus.«

Vor allem aber steht Delbrück, wie auch Otto Maaß, für das offene Erinnern, das heute nicht mehr verdrängt werden muss. Der Regierungsrat, der schon 1933 den Eintritt in die NSDAP abgelehnt hatte, gehörte zum Widerstandskreis um General Hans Oster, Karl-Ludwig von Guttenberg, Hans von Dohnanyi und Klaus Bonhoeffer. Nach dem missglückten Attentat auf Hitler wurde er am 17. August 1944 verhaftet und in das Gestapogefängnis in der Berliner Lehrter Straße eingeliefert, wo er den Krieg überlebte. Aber schon wenige Tage nach der Kapitulation wurde Delbrück, Bruder des späteren Nobelpreisträgers Max Delbrück, am 20. Mai vom NKWD wegen angeblicher Mitarbeit bei den »Abwehr-Organen« festgenommen und zunächst ins Speziallager nach Frankfurt (Oder) eingewiesen. Im September 1945 wurde er in das Speziallager Nr. 6 nach Jamlitz verlegt, wo er am 23. Oktober an Diphterie starb. Delbrück ist einer von mehr als 3.000 Häftlingen, die im NKWD-Lager ums Leben kamen.

Der Bahnhof, das Projekt und der Namensgeber passen tatsächlich zusammen. Bereits 2017 eröffnete eine Ausstellung über das Leben von Justus Delbrück im Bahnhof von Jamlitz. Auch Delbrücks Sohn Hans-Jürgen war bei der Eröffnung dabei.

Vom Bahnhof ist es auch nicht weit in die Reicherskreuzer Heide. Hat man den Weg passiert, der zwischen dem Großen und dem Kleinen Schwansee entlang führt, taucht man bald ein in diese eigentümliche Landschaft, die im Spätsommer bei der Heideblüte lila leuchtet, aber auch sonst ihren Reiz entfaltet. Weit geht der Blick hier, nur vereinzelt haben es Birken, Kiefern und Eichen geschafft, in die Höhe zu wachsen, die meisten der Triebe haben die weidenden Schafe und Ziegen gefressen.

Auch über die Heide, denke ich in diesem Moment, wächst kein Gras. Weil auch sie eine Hinterlassenschaft der doppelten Geschichte von Jamlitz ist? Eher ist es so, dass das 2.840 Hektar große Naturschutzgebiet Reicherskreuzer Heide und Schwansee offen gehalten wird, um die Artenvielfalt im Lebensraumtyp *Europäische Heide* zu schützen. Was die Schafe und Ziegen nicht niederhalten, wird deshalb von Zeit zu Zeit mit Spaten oder Säge »abgeplaggt« oder »entkusselt«. So bleibt aber nicht nur die Heidelandschaft offen, sondern auch die Geschichtslandschaft. Auch wenn der Truppenübungsplatz der Waffen-SS nie zu Ende gebaut wurde, die Reicherskreuzer Heide und die Lieberoser Heide wurden dennoch militärisch genutzt. Nach dem Krieg befand sich dort der größte Übungsplatz der Sowjetunion in der DDR. Zahlreiche Manöver des Warschauer Paktes wurden hier abgehalten. Über die Heide düsten Bomber und warfen ihre Munition ab. In den Dörfern zerstörten die Panzer Straßen und Wege.

Über die Geschichte wächst also kein Gras. So wie der Aussichtsturm bei Pinnow den Naturliebhabern den Blick in die freie Heidelandschaft ermöglicht, könnte das Weiße Haus, der ehemalige Schießstand der Sowjets, eines Tages denen offen stehen, die sich für die Geschichte des Ortes interessieren. Ein neues Siehdichum mit Blick in eine verstörende Landschaft. Nicht am schönsten, sondern am verletzlichsten Ort der Region.

ÜBER ODER UND NEISSE

Ratzdorf

Wenn mich einer fragen würde, was mein Siehdichum an der Oder sei, würde ich vielleicht antworten: die »Kajüte« in Ratzdorf. Vor vielen Jahren saß ich dort einmal vor einer Lesung, versonnen schaute ich auf den Deich, hinter dem die Oder strömt, das Wasser der Neiße trägt sie da schon in sich. Fast hätte ich das Lampenfieber vergessen, das mich noch immer vor jeder Lesung befällt. Die Kajüte, dachte ich damals, ist ein Ort zum Wiederkommen. Als ich das nächste Mal vor der Gastwirtschaft stand, war sie geschlossen.

Eingeladen zu dieser Lesung hatte mich Ilona Weser, die Kulturdezernentin des Landkreises Oder-Spree, die mit ihrem Mann in Ratzdorf lebt. Es war bereits das dritte Mal, dass ich mein Buch über die Oder in Ratzdorf vorstellen durfte, und jedes Mal war der Veranstaltungsort voll. Ich konnte mir das nur so erklären, dass die Ratzdorfer ein ganz besonderes Verhältnis zur Oder haben. Vielleicht liegt es daran, dass Ratzdorf der erste Ort in Brandenburg ist, den die Oder auf ihrem Lauf aus Schlesien erreicht. Umgekehrt heißt das aber auch, dass die Ratzdorfer, blicken sie stromaufwärts, über die Grenze hinweg schauen müssen. Auf das schon 1908 wegen Hochwassers aufgegebene Schiedlo, von dem heute nur noch wenige Steine übrig sind. Oder tief hinein nach Polen, vielleicht reisen die Ratzdorfer in Gedanken stromaufwärts nicht nur bis Crossen und Breslau, sondern sogar bis zur Quelle des Flusses in den mährischen Oderbergen. Oder sie halten sich an die Neiße, aber auch da heißt es, Grenzen überwinden, denn die Lausitzer Neiße, die mit der Oder zusammen die polnische Grenze zu Deutschland bildet, entspringt ebenfalls in der Tschechischen Republik.

Wenn es einen Ort gibt, der an der Oder nah am Wasser gebaut ist, dann ist es Ratzdorf. Wenige Meter von der Kajüte entfernt steht das berühmte Pegelhäuschen, das es beim Jahrhunderthochwasser 1997 in die Abendnachrichten des Fernsehens geschafft hat. 6,88 Meter zeigte der Pegel damals an. Auch die Kajüte wäre beinahe vollgelaufen, Ratzdorf berühmteste Gaststätte, an der sich die Geschichte dieses Schifferdorfes gut erzählen lässt. Auch Ilona Weser, die ich im Sommer 2020 wieder besuche, kennt noch die gute alte Zeit der Kajüte, die damals Zum Goldenen Anker hieß. »Sie lag nahe an der Werft und war das erste Haus am Platze«, erinnert sie sich. »Sie hatte einen Biergarten mit weißem Zaun und mit Tanz im Freien. Der Besitzer, Willi Dohme hieß er, war ein eleganter Mann. Er war nicht nur Gastwirt, sondern auch deutscher Meister im Einer-Rudern.«

Doch dann kam das plötzliche Aus, erinnert sich die 1950 geborene Weser: »Ende der fünfziger Jahre war Hochwasser, und auch ein Feuer war ausgebrochen. Angeblich hat der Dohme Feuerwehr und Polizei nicht telefonieren lassen, obwohl er ein Telefon hatte. Aus Angst verhaftet verhaftet zu werden, ist er bei Nacht und Nebel in den Westen gegangen. Danach war die Gaststätte nicht mehr das, was sie war.«

Ilona Weser ist so etwas wie eine Ur-Ratzdorferin, und das bedeutet an Oder und Neiße zuallererst, dass sie aus einer Schifferfamilie stammt. »Mein Großvater Gustav fuhr auf der Oder, sein Sohn Kurt ebenfalls, und auch mein Vater hatte seinen eigenen Kahn«, erzählt sie stolz bei Kaffee und Kuchen im ehemaligen Schulhaus von Ratzdorf, das ihr Großvater 1912 gekauft hatte und in dem sie heute lebt. »Meistens ist mein Vater die Strecke von Breslau nach Stettin gefahren, auf der Talfahrt ging es mit dem Strom, auf der Bergfahrt wurde er geschleppt. Meine Mutter ist mit ihm gefahren. 1942 wurde mein Bruder geboren, er hat die ersten Jahre seines Lebens auf dem Kahn verbracht.«

Wenn Ilona Weser ins Erzählen kommt, lebt sie wieder auf, die Vorkriegsgeschichte von Ratzdorf, als alle entweder auf dem Kahn fuhren, in der Werft Schiffe reparierten oder im Goldenen Anker zum Tanz verabredet waren. Die Oder war die große Ernährerin, dass sie einmal eine Grenze sein würde, ahnte keiner. Auch nicht Ilona Wesers Mutter. »Meine Mutter hätte gerne einen Beruf gelernt«, lacht sie, »aber mein Großvater hat gesagt, ach du bist doch ein hübsches Mädchen, das wird zu einer Ehe mit einem Schiffer reichen. So hat sie meinen Vater geheiratet.«

Wesers Vater stammt von drüben. Von über der Neiße. Aus Kuschern, heute Kosarzyn. Ilona Weser spricht den Ort fast polnisch aus. *Kuschahn*, mit einem stimmhaften *sch*. »Die Eltern meines Vaters«, erzählt sie, »hatten dort eine kleine Wirtschaft, seine Mutter betrieb auch einen Tante-Emma-Laden und die Poststelle.« Wesers Vater aber hatte den Kahn. Einen eher ungewöhnlichen Namen trug er, benannt nach dem Vornamen seiner Frau, der Mutter von Ilona Weser – *Armida*. »Meine Mutter sagte immer wieder, es war ein schönes Leben auf dem Kahn«, lächelt Ilona Weser. »Man hatte einen überschaubaren Haushalt, der war schnell erledigt, man lernte andere Städte und Gegenden kennen. Man war hier nicht festgenagelt. Man ging ins Kino und las Bücher. Man hat Amusements geschätzt.«

Ich hatte mir schon oft versucht vorzustellen, wie sich ein solches Leben auf dem Kahn anfühlt, aber noch nie hatte mir jemand davon erzählt. Einmal hat mir Stanisław Januszewski, ein Professor am Polytechnikum in Breslau, ein paar Fotos geschickt, die er in einem Nachlass gefunden hatte. Sie stammten von Mieczysław Wróblewski, einem Fotografen, der in den fünfziger Jahren selbst als Kapitän die Oder befuhr. *Das Leben auf den Kähnen*, hieß der Zyklus. Ich sah Männer mit nacktem Oberkörper, die Kohle in die Kessel schaufelten, ernste Gesichter beim Manövrieren der schwerfälligen Oderkähne, atemberaubende Totalen von Schleppverbänden.

Doch das war nicht das Überraschende an diesen Bildern. Am meisten hatte ich darüber gestaunt, dass dieses Leben auf den Kähnen vor allem in den Sommermonaten ein Familienleben war. Auf den Fotos von Wróblewski sah ich Kapitäne und Matrosen, denen die Freude über Kind und Kegel ins Gesicht geschrieben stand. Auf einem Kahn hatte ein Oderschiffer neben Frau und Tochter sogar zwei Säuglinge an Bord gebracht. Andächtig, als sei das Leben auf einem Oderkahn das Natürlichste auf der Welt, schauten die Drei auf die Kleinen in Kinderwagen und Korb. »Im Sommer«, hieß es in einer Anmerkung zu diesem Foto, »werden die Oderkähne zu Wohnungen.«

Als ich Ilona Weser von diesen Fotografien berichte, erzählt sie mir die Geschichte vom Danach. Von der Zeit nach dem Krieg, als es keine Oderschifffahrt mehr gab in Ratzdorf. Nur ihr Vater hatte sich nicht mit diesem Danach abfinden wollen. »Gegen Ende des Krieges waren meine Eltern mit ihrem Kahn in Steinau in Schlesien, er lag in einem alten Oderarm«, berichtet sie. »Die Front war schon ziemlich nah, das heißt, für meinen Vater war die Kahnfahrt zu Ende. Meine Mutter ist mit meinem Bruder und dem Gepäck zum Bahnhof gegangen und hat sich bis Ratzdorf durchgeschlagen. Aber mein Vater wollte den Kahn retten. Doch dann kamen die Russen, bei einem Beschuss wurde der Kahn getroffen.« Später erfuhr er, dass er gesunken war.

In Ratzdorf, das nun an der Grenze zur Volksrepublik Polen lag, arbeitete Wesers Vater nach seiner Rückkehr aus der sowjetischen Gefangenschaft auf einem Schwimmgreifer, der die Oder ausbaggerte. Auch nach Polen führte ihn die Arbeit, erzählt Weser. »In Maltsch hat er dann seinen eigenen Kahn mehrmals vorbeifahren sehen. Die Polen hatten ihn vom Grunde hochgeholt und geflickt. Eine Verwechslung war nicht möglich. Das Schild mit der Aufschrift *Armida* war immer noch dran. Das muss bitter für ihn gewesen sein.«

Nur kurz stelle ich mir die Frage: War der Kahn von Wesers Vater vielleicht einer von denen, die Mieczyslaw Wróblewski fotografiert hat? Fand das polnische *Leben auf den Kähnen* auf einem ehemals deutschen Kahn mit dem Namen *Armida* statt? Und wenn ja, was würde es bedeuten?

1945, sagt Ilona Weser ohne Bitterkeit, sei das Leben auf dem Wasser in Ratzdorf zu Ende gewesen. Die Familie musste in der alten Schule, die der Großvater gekauft hatte, zusammenrücken. »Meine Mutter war ja schon hier bei ihren Eltern«, sagt sie. »Auch mein Vater hat nach der Gefangenschaft hier gewohnt. Dann haben sie noch meine Großeltern und weitere Verwandte von Kuschern aufgenommen, das war ja jetzt in Polen.« Harte Zeiten waren das, auch wenn sie Ilona Weser nur aus den Erzählungen ihrer Eltern kennt. »Die Großeltern väterlicherseits«, berichtet sie, »wurden von ihren Kindern unterstützt. Die haben bald Arbeit gefunden, kochen, sauber machen, so haben sie sich durchgeschlagen. Viehzeug hatte man gehabt, einen Stall mit Gänsen und Ziegen. Das war dann eine Art Selbstversorgung. Und sie haben Land gepachtet, so dass sie auch Kartoffeln hatten.«

So wurde aus dem Schifferdorf Ratzdorf langsam ein Bauerndorf. Heute erinnert nur noch wenig an die maritime

Tradition im Dorf. »Einige Zeit«, erzählt Ilona Weser, »gab es noch eine Schiffsreparaturwerft, wo die kleineren Kähne repariert wurden. Die Werft hat bis Ende der fünfziger Jahre bestanden. Dann kam der Besitzer bei einem Arbeitsunfall ums Leben. Einen Nachfolger hat er nicht gehabt. Also wurde die Werft aufgegeben. Nach der Wende wurde dort ein Europäisches Begegnungszentrum eingerichtet.«

Aber auch der Versuch, Ratzdorf in die Mitte des neuen Europas zu rücken, scheiterte. Der Initiator des Begegnungszentrums starb, seine Nachfolger konnten kein schlüssiges Konzept vorlegen, obwohl die »Werft«, wie sie hieß, mit Fördermitteln ausgebaut worden war. »Jetzt steht sie leer«, bedauert Weser. Jedes Jahr zu Fastnacht aber erwacht das Schifferdorf noch einmal zu altem Leben. »Dann wird ein Schiffchen durchs Dorf getragen. Ein Holzschiff, das geschmückt ist und an einer großen Stange mit einem Lederriemen hängt.«

Und dann ist da natürlich noch die Kajüte. Die meiste Zeit hat sie zwar geschlossen, das heißt aber nicht, dass sie keine Zukunft hat. Eine Gruppe von Restauratoren aus Berlin hat sie vor einigen Jahren gekauft und liebevoll saniert. *Kajüte. Gast- und Schankwirtschaft* steht nun wieder über dem Eingang. Auf dem Giebel sieht man wieder das Symbol der Kajüte, den Anker. Jetzt fehlt nur noch ein Betreiber.

Und die Region? Was ist Ilona Wesers Siehdichum? In Kosarzyn, dem Ort, aus dem ihr Vater stammt, war sie schon. Gefreut hat sie sich, dass der väterliche Hof fein hergerichtet war. »Die Polen dort sind ja auch Vertriebene«, sagt Weser. Doch ihre eigene Region sieht sie eher Richtung Beeskow gelegen, wohin sie als Dezernentin täglich 96 Kilometer pendeln musste. »Für mich ist die Region vom Wasser geprägt«, sagt sie, »es ist die Region zwischen Oder und Spree, die vom Oder-Spree-Kanal verbunden wird.«

KOHLE MACHEN

Schönfließ

Auch wenn wir nicht bis unmittelbar an die Kante kommen, ist der Anblick verstörend. Vor uns türmt sich ein Gebirge aus Abraum auf, eine zerklüftete, fast apokalyptisch schöne Landschaft aus Gestein und Sand, die mich eher an die Wüste im Jordantal erinnert, als an das so oft bemühte Bild einer mit Kratern durchlöcherten Mondlandschaft. Das Abraumgebirge liegt wie ein kilometerlanger Riegel vor dem, was wir an dieser Stelle nahe der B 97 nicht zu Gesicht bekommen: den Tagebau Jänschwalde, neben Welzow-Süd das letzte Braunkohlerevier in Brandenburg.

Unweigerlich muss ich an einen Film aus den Neunzigerjahren denken. Darin entführt ein arbeitsloser Baggerfahrer (Wolfgang Stumph) eine Berliner Richterin (Corinna Harfouch) in die Braunkohlelandschaft der Lausitz. Die Richterin hatte die Frau des Baggerfahrers verurteilt und soll nun am eigenen Leib erleben, wie es sich so lebt neben stillgelegten Tagebauen und weggebaggerten Dörfern. Mittendrin in diesem Roadmovie lässt der Entführer sein Opfer aus dem Auto steigen. »Ich schreie«, droht die Richterin. »Schreien Sie ruhig«, raunt der Baggerfahrer, »hier hört sie sowieso keiner.« Er nimmt ihr die Augenbinde ab, und sofort weiß sie, warum: In der Wüste kommt jede Hilfe zu spät.

»Bis zum Horizont und weiter« von Peter Kahane ist einer jener Filme aus und über Ostdeutschland, in denen vieles in Bewegung ist und keiner weiß, wie und wo das endet.

Aber vielleicht ist das das Erbe einer Landschaft, die wie die Lausitz schon immer vorläufig war, und deren Vorläufigkeit ganz andere Bilder hervorgebracht hat als dort, wo alles an seinem Platz ist.

Inzwischen ist der Blick auf die abgeräumte Landschaft von Jänschwalde sogar touristisch inszeniert. Bekommt man nahe der B 97 in Höhe von Jänschwalde-Ost nur die Abraumgebirge zu sehen, geht der Blick vom Aussichtspunkt Grießen an der B 112 weit hinein in den aktiven Tagebau. Die Zerstörung der Landschaft als touristische Attraktion. Aber was ist schon Zerstörung, was intakt?

Der Tagebau Jänschwalde grenzt unmittelbar an das südliche Ende des Naturparks Schlaubetal – und das hat Folgen. Der Pastlingsee zwischen Grabko und Drewitz zum Beispiel oder das Calpenzmoor sind als Fauna-Flora-Habitat-Gebiete ausgewiesen. Charakteristisch sind die Übergangs- und Schwingrasenmoore. Als Kohlenstoffspeicher sind intakte Moore besonders wichtig. Allerdings ist der Wasserstand in den vergangenen Jahrzehnten stark gesunken. Die ehemalige Uferlinie ist deutlich erkennbar und liegt einige Meter vom jetzigen Ufersaum entfernt. »Als Gründe für den sinkenden Pegel«, heißt es beim Naturpark, »können klimatische Veränderungen, wasserzehrende Kiefernforste und die Grundwasserabsenkung infolge des angrenzenden Bergbaus genannt werden.«

Ziel der Naturparkverwaltung ist es, »die Moorflächen und das damit einhergehende Mosaik aus Moorvegetation mit Waldkiefern-Moorwald, die Röhrichte, Schwimmblattgesellschaften und Flechten-Kiefernwälder zu erhalten«. Die Lausitz Energie Bergbau AG Leag, die den Tagebau Jänschwalde bis zur geplanten Schließung 2028 betreibt, hilft, indem sie Wasser in den See einträgt. Gleichzeitig weist sie jede Verantwortung für den sinkenden Wasserspiegel von sich.

Intakte Natur und industrielle Landschaft liegen nicht nur am Calpenzmoor eng beieinander, sondern auch in Schönfließ, heute ein Ortsteil von Eisenhüttenstadt. Die industrielle Geschichte von Schönfließ begann aber nicht erst mit dem Bau des Eisenhüttenkombinats Ost im August 1950, sondern schon Mitte des 19. Jahrhunderts, weiß Christian Prengemann, der Vorsitzende des Schönfließer Heimatvereins. »1847 wurde im Wald der Königlichen Oberförsterei Siehdichum beim Abteufen eines Brunnens eine schwarz-blaue, tonige Masse gefunden, deren Beschaffenheit man zunächst nicht zu deuten wusste«, erinnert er. Doch dann stellte sich heraus: Es ist Braunkohle.

Christian Prengemann wirkt nicht wie einer, der einen Heimatverein leitet. Er ist Jahrgang 1982 und gehört zu jenen Ostbrandenburgern, die nach Studium wieder zurückgekehrt sind, weil sie sich mit der Region und ihrer Geschichte verbunden fühlen. »In der DDR hat die regionale Geschichte kaum eine Rolle gespielt, und nach der Wende musste jeder erst mal schauen, wo er bleibt.« Doch seit der Jahrtausendwende ist das Interesse für die Region gewachsen, der Heimatverein hat inzwischen über hundert Mitglieder.

Wir haben uns an der Lore verabredet, dem Denkmal für den Bergbau in Schönfließ an der Beeskower, Ecke Schönfließer Straße. Auf der Lore stehen die Jahreszahlen 1858 bis 1952. »1858 wurde die Grube Präsident gegründet, das ist der offizielle Beginn der Bergbaugeschichte«, erklärt Prengemann. »Damals hatte sich ein Konsortium zusammengeschlossen und vom Regierungspräsidium in Frankfurt (Oder) das Recht bekommen, Bergbau zu betreiben.«

Auch nach dem Zufallsfund von 1847 war im Wald von Siehdichum schon Kohle abgebaut worden, allerdings eher wild, merkt Prengemann an. »Das Stift in Neuzelle war mit dem Bergbau nicht vertraut.« Und offenbar hat er sich auch nicht gelohnt. »Die Kohle hatte nicht die beste Qualität, also wurde die Förderung wieder aufgegeben.« Nur die Bauern aus den Dörfern pilgerten an den Fundort unterhalb des Schierenbergs bei Schönfließ. Sie holten sich die Braunkohle für den eigenen Bedarf.

Der zweite Anlauf war erfolgreicher. Nicht mehr das Stift Neuzelle betrieb nun die Kohlegrube, sondern das kapitalkräftige Konsortium. »Nach der Erteilung der Betriebserlaubnis am 19. Januar 1859 wurde die Grube Präsident noch im gleichen Jahr in Betrieb genommen«, weiß Prengemann. »In den darauffolgenden Jahren stieg die Zahl der Belegschaft rasant und mit ihr auch die Einwohnerzahl von Schönfließ.«

Könnte es also sein, dass die Gegend um Siehdichum ein ähnliches Schicksal zu befürchten hatte wie Jänschwalde? Dass der Wald mit der schönsten Stelle des Schlaubetals, an der die Mönche von Neuzelle nur hundert Jahre vor der Entdeckung der Braunkohle ein Jagdhaus errichtet hatten, zugunsten der Kohle abgebaggert worden wäre wie die Dörfer Horno, Klein Briesnig, Klein Bohrau, Klinge und Weißagk für den Tagebau Jänschwalde? Dass ich auf dem Weg von Grunow nach Schönfließ an der B 246 an einem Turm hätte aussteigen und die touristische Inszenierung der Abraumhalden im Schlaubetal bewundern können?

Nein, beruhigt mich Christian Prengemann, dafür seien die Kohlevorkommen zu gering gewesen. Für eine kleine Gründerzeit in Schönfließ und dem benachbarten Fürstenberg aber reichten sie. »Zum Höhepunkt des Abbaus gab es sieben Förderschächte«, haben Prengemann und sein Heimatverein recherchiert. Dazu kamen die am Bahnhof Fürstenberg errichtete Brikettfabrik sowie der Hafen als weiterer Umschlagplatz. Kein Wunder, dass die Bevölkerung von Schönfließ von 265 Einwohnern im Jahr 1846 auf 1.334 Einwohner im Jahre 1925 gestiegen war.

In der zweiten Hälfte des 19. Jahrhunderts waren sogar die Kohlebarone nach Schönfließ gekommen. 1882 war aus der Grubengesellschaft die Niederlausitzer Kohlenwerke AG hervorgegangen. Zu den Braunkohlevorkommen in der Oberförsterei Siehdichum kamen nun auch diejenigen in Zschipkau, Klettwitz, bei Pulsberg, in Hörlitz, bei Costebrau sowie im Senftenberger Revier dazu. Bis zur Umwandlung in die Kursächsische Braunkohlenwerke AG blieb Schönfließ der Stammsitz der Aktiengesellschaft. Lange bevor Fürstenberg und Eisenhüttenstadt zu industriellen Zentren wurden, war Schönfließ in die neue Zeit aufgebrochen.

Dem heutigen Vorort von Eisenhüttenstadt merkt man diese Geschichte freilich nicht an. Der Anger am Schönfließer Platz liegt abseits der Bundesstraße, die von Beeskow durch das Schlaubetal nach Eisenhüttenstadt führt. Das Fließ, das dem Ort einmal den Namen gegeben hat, ist ein Rinnsal, das einst beliebte Ausflugslokal Forsthaus Schierenberg geschlossen. Nur die kleine Lore erinnert daran, dass die Braunkohleförderung in der nördlichen Niederlausitz nicht in Jänschwalde begonnen hat, sondern im Wald von Siehdichum. Doch schon 1927 war Schicht im Schacht. Die Grubengesellschaft musste Konkurs anmelden. Ein letzter Versuch, die Grube 1947 zu reaktivieren, scheiterte 1952.

Vielleicht war es die schlechte Kohle, die Siehdichum und das Schlaubetal davor bewahrte, weggebaggert zu werden. Vielleicht war Schönfließ aber auch nur zu früh dran gewesen. Denn zur großen Sache wurden die Braunkohleförderung und mit ihr die Verstromung von Braunkohle erst nach dem Ersten Weltkrieg. Mit der Teilung Oberschlesiens war ein großer Teil des Steinkohlereviers an Polen gefallen, also wurde auch die qualitativ schlechtere Braunkohle in großem Stil gefördert. Nicht mehr unter Tage wie in Schönfließ und mit kleinen Loren, sondern im Tagebau mit großen Förderbrücken. Cottbus wurde Braunkohlestadt, Senftenberg, und im mitteldeutschen Revier Leipzig.

Zum industriellen Zentrum in der Region zwischen Spree und Oder war inzwischen Fürstenberg herangewachsen. Schon vor dem Ersten Weltkrieg waren dort über die 1846 in Betrieb genommene Niederschlesisch-Märkische Eisenbahn die Kohle aus der Grube Präsident oder die Briketts aus der Brikettfabrik verladen worden. Als dann 1891 der Oder-Spree-Kanal eröffnet wurde, der östlich von Müllrose in Schlaubehammer das alte Bett des Friedrich-Wilhelm-Kanals Richtung Südosten verlässt, wurde Fürstenberg zur Hafenstadt. 1935 lebten dort 500 Schifferfamilien.

Mit Beginn des Nationalsozialismus entstanden in Fürstenberg zahlreiche Rüstungsbetriebe, die aus Berlin an die Oder verlegt wurden, darunter eine Waffenfabrik von Rheinmetall und ein Degussa-Chemiewerk. Die Beschäftigten waren hauptsächlich Zwangsarbeiter, die im Kriegsgefangenenlager Stalag III B eingepfercht waren. Um die Energieversorgung sicherzustellen, bauten die Nationalsozialisten zusätzlich zum 1923 ans Netz gegangenen Kraftwerk Finkenheerd ein neues Kraftwerk zwischen Fürstenberg und Vogelsang, dessen beide Türme noch heute die Waldlandschaft überragen.

»Wäre es nach den Nazis gegangen, wären in der Region auch neue Tagebaue erschlossen worden«, sagt Christian Prengemann und macht es noch einmal spannend. Also doch? Siehdichum eine Wüste wie bei Jänschwalde? »Pläne gab es für Tagebaue, die von Süden bis nach Ossendorf oder Pinnow gereicht hätten«, nickt Prengemann. Sie hätten sich dann vielleicht mit den Gruben verbinden lassen, die es nördlich von Siehdichum gegeben hat. Dort war schon 1907 die Braunkohlegrube Finkenheerd aufgeschlossen worden.

Das nach dem Ersten Weltkrieg von den Märkischen Elektrizitätswerken gebaute Kraftwerk Finkenheerd wurde dann von den Gruben Katja und Helene beschickt wurde, in denen mit der Braunkohleförderung 1932 und 1943 begonnen wurde. Auch bei Rießen war 1922 in der Grube Puck Braunkohle abgebaut worden. Die Grube Katja hieß übrigens nach Katia Pringsheim, der Ehefrau von Thomas Mann, deren Großvater Hauptanteilseigner der Frankfurt-Finkenheerder Braunkohlen AG war.

Die Region von Siehdichum ist aber noch einmal davongekommen, wenn auch knapper als ich dachte. Denn auch der Energiekonzern Vattenfall hatte eine Erweiterung nach Norden geplant. Dem geplanten Tagebau Jänschwalde-Nord wären nicht nur die Dörfer Atterwasch, Grabko und Kerkwitz zum Opfer gefallen, sondern auch der Pastlingsee und das Calpenzmoor. Erst 2017 gab die Leag als Nachfolgerin von Vattenfall bekannt, auf den neuen Tagebau zu verzichten.

Davongekommen? Oder tappe ich schon wieder in eine Falle? Vielleicht ist es mit der abgebaggerten Landschaft, die ich vor Augen habe, ähnlich wie mit der Tarkowski-Landschaft bei den Torfstichen an der Oelseniederung? Ist sie eine Täuschung? Mache ich mir etwas vor, sehe ich mir die Landschaft schöner als sie ist, intakter auch? Vermutlich ja. Aber ich muss mich erst noch an den Gedanken gewöhnen, dass auch die Region im Umkreis von Siehdichum eine Bergbaufolgelandschaft ist. Der Badesee bei Rießen ist zum Beispiel an jener Stelle entstanden, wo sich einst die Grube Puck befand. Auch die *Kleine Ostsee* ist ein gefluteter Tagebau. 1958 wurde der Helenesee der Freizeitnutzung übergeben. Mit dem Katjasee zusammen ist die »Helene« der sauberste Badesee Brandenburgs. Dem Braunkohletagebau sei Dank.

Wenn man so will sind auch das Moor am Pastlingsee und das Calpenzmoor »Bergbaufolgelandschaften«, wenn auch keine gelungenen. Und dann sind da noch die Kraftwerke, die die Braunkohle einst verstromten. Auf das von den Nazis gebaute »Einheitskraftwerk« bei Vogelsang haben erst vor Kurzem zwei junge Kletterer aufmerksam gemacht, die die beiden hundert Meter hohen Türme bestiegen und ein Seil zwischen ihnen angebracht haben. Am Seil befestigten sie eine Hängematte, setzten sich in sie hinein und ließen sich in die Mitte gleiten. »Frühstück in der gefährlichsten Hängematte der Welt« nannten sie ein Video, das sie auf *Youtube* hochluden. Bei dieser Inszenierung konnte nicht einmal die Abraumhalde von Jänschwalde an der B 97 mithalten.

Aber nicht immer treffen die Bilder, die der Bergbau und seine Landschaften hinterlassen, den guten Geschmack. Die beiden Türme des 1992 geschlossenen Kraftwerks Finkenheerd wurden 1996 während der Live-Sendung *Wetten, dass ...?* von Thomas Gottschalk gesprengt.

Und die Grube Präsident in Schönfließ? »Das war ja ein Stollen, den man nicht fluten konnte«, sagt Christian Prengemann. »Er wurde einfach verfüllt. Aber wenn man heute den Eisvogelpfad entlang geht, kann man mitten im Wald noch ein Schild entdecken, auf dem steht ›Schacht Carlos‹.«

Zum Abschied lädt mich Prengemann nicht nur zu einer Radtour dorthin ein. Er erzählt auch, warum der letzte Anlauf des Kohleabbaus in Schönfließ 1952 gescheitert war. »Die brauchten alle Arbeitskräfte zum Aufbau des Eisenhüttenkombinats«. Unüberhörbar ist in der Stimme des Vorsitzenden vom Heimatverein der Stolz darüber, dass Schönfließ lange da war, bevor Eisenhüttenstadt kam. Immerhin existiert es noch und musste nicht den Baggern weichen.

WERK UND STADT

Eisenhüttenstadt

Es hat lange gedauert, bis ich mich in Eisenhüttenstadt zurechtgefunden habe. Dabei bin ich als Redakteur für Stadtentwicklung in meiner Zeitung eigentlich darin geübt, Städte zu »lesen«. Ich kann mich in Städten mit mittelalterlichem Stadtkern orientieren wie zum Beispiel in Paris oder Krakau. Auch Industriestädte wie Lodz oder Planstädte wie Sankt Petersburg und Helsinki sind mir nicht fremd. Doch Eisenhüttenstadt, die 1950 gegründete sozialistische Planstadt am Oder-Spree-Kanal, stellte mich lange Zeit vor ein fast unlösbares Rätsel.

Zuerst habe ich es über die Lindenallee versucht, die Magistrale der Stadt, die von Norden nach Süden führt. Tatsächlich verbreitet die gepflasterte Straße vor allem durch ihre Breite und ihren wilden Stilmix etwas Großstadtflair. Das neoklassizistische Friedrich-Wolf-Theater teilt sich die Aufmerksamkeit mit den zweigeschossigen Flachbauten der Ladenzeilen und den neungeschossigen Wohnhäusern, die die gegenüberliegende Ostseite des Boulevards gliedern. Am südlichen Ende markieren zwei Hochhäuser eine Art Torsituation. Aber wohin bloß? Hinter diesem Tor ist nichts als ein riesiger, teilweise verwahrloster Parkplatz. Erst bei näherem Hinsehen habe ich entdeckt, dass sich an diesem Parkplatz ein weiteres neoklassizistisches Gebäude befindet, das Rathaus von Eisenhüttenstadt. War der Parkplatz etwa einmal als Marktplatz gedacht?

Nächster Versuch also. Diesmal ausschwärmen in die Wohnblocks östlich und westlich der Magistrale. Östlich stehen einige Zeilenbauten ohne Fassadenschmuck, funktionaler Wohnungsbau, den man auch in anderen Kleinstädten findet. Hinter dem Theater wiederum erheben sich ebenfalls Zeilenbauten, die im Gegensatz zu denen auf der gegenüberliegenden Seite der Magistrale allerdings keine Flachdächer haben, sondern Satteldächer. Und das soll das Zentrum einer Planstadt sein? Mit Wehmut dachte ich in diesem Moment an den Berliner Kurfürstendamm und seine lebendigen Seitenstraßen.

Der dritte Versuch führte mich in die Blöcke hinter dem Rathaus. Völlig überrascht tauchte ich ein in Straßenzüge, die sich hinter der Karl-Marx-Allee in Ost-Berlin nicht verstecken müssen. Auf der östlichen Seite sind die Höfe sogar wie in der gründerzeitlichen Stadt geschlossen umbaut, westlich davon ist die Bebauung etwas gelockert, aber man sieht noch immer den städtebaulichen Anspruch: Hier sollten keine gesichtslosen Werkswohnungen, sondern schmucke Arbeiterpaläste entstehen. Lag das Zentrum von Eisenhüttenstadt also im Süden hinter dem Rathausplatz und abgeschnitten von der Magistrale?

Erst später habe ich erfahren, dass es auf meine Fragen keine Antworten gibt, weil auch eine Planstadt für 30.000 Einwohner nicht aus einem Guss sein kann. Vielmehr waren meine Streifzüge in dieses städtebauliche Rätsel namens Eisenhüttenstadt ein Rundgang durch die Architekturgeschichte der DDR in den fünfziger und sechziger Jahren. Die Zeilenbauten östlich der Magistrale waren 1951 und 1952 als I. Wohnkomplex entstanden. Inspiriert waren sie von den Siedlungsbauten der Weimarer Moderne und limitiert durch das schmale Budget. Nach heftiger Kritik durch Walter Ulbricht folgte im II. Wohnkomplex die Kehrtwende. Die

Ähnlichkeit mit der Berliner Karl-Marx-Allee kommt nicht von ungefähr. Der WK II. wurde 1953 und 1954 im Geiste der sechzehn Grundsätze des sozialistischen Städtebaus errichtet, die Ulbricht zuvor den Architekten verordnet hatte. National in der Form, sozialistisch im Inhalt, die Sowjetunion ließ grüßen.

Nach Stalins Tod 1953 wandte sich die DDR vom Zuckerbäckerstil Stalins ab und begann zugleich ökonomischer zu bauen. Das bedeutete zwar noch nicht das Ende der Blockrandbebauung, aber die Fassaden waren nun weniger aufwändig gestaltet. Auffällig sind nur noch die mit »Sgraffito« geschmückten Erker aus Holzfachwerk im III. Wohnkomplex, der ab 1955 gebaut wurde. Der IV. und damit jüngste Wohnkomplex der Planstadt wurde schließlich in den Jahren 1958 bis 1961 errichtet und markierte schon den Übergang zum seriellen Bauen. Erst danach wurde die Magistrale in Angriff genommen, in die das Friedrich-Wolf-Theater integriert wurde. In ihrem Mix verkörpert das Ganze fast einen Hauch amerikanischen Städtebaus und den International Style, der in den fünfziger Jahren noch verpönt gewesen war.

Ich kann mittlerweile gut verstehen, welche Faszination von der Stadt ausgehen kann, die 1961 von Stalinstadt in Eisenhüttenstadt umbenannt worden war. Allein der neue Name klang wie ein Versprechen aus einer Zeit, in der der Fortschritt noch gleichbedeutend war mit industrieller Produktion und Städten, die man auf einen Kiefernacker setzte, wie es die Legende besagt. Selbst der amerikanische Schauspieler Tom Hanks war der Verführungskraft der Stadt erlegen. Er hatte während der Dreharbeiten zu einem Film in Berlin 2011 einen Abstecher nach Eisenhüttenstadt gemacht und sie danach in der Talksendung von David Letterman vor einem Millionenpublikum liebevoll *Iron Hut City* genannt. Auf die Frage, was das sei, *Iron Hut City*, hatte Hanks geantwortet, das sei eine von den Kommunisten gebaute Modellstadt, die den Menschen »the great and wonderful life« im Sozialismus vor Augen führen sollte. »Ein wunderbarer Ort«, schwärmte Hanks.

Der krönende Abschluss der Magistrale aber fehlt. Das sollten nicht die beiden Hochhäuser sein, die an der Ecke Lindenallee und Straße der Republik die Torsituation markieren. Das Finale sollte dort stattfinden, wo heute das Rathaus und der trostlose Parkplatz eine Leerstelle markieren. Hier sollte der Zentrale Platz von Stalinstadt entstehen, von dem allerdings nur das »Haus der Parteien und Massenorganisationen« errichtet wurde, in dem sich heute die Stadtverwaltung befindet. Eisenhüttenstadt, die erste sozialistische Stadt der DDR, ist also eine Unvollendete.

Das Gleiche gilt in der entgegengesetzten Richtung. Dort, wo die Stadt endet, sollte eine monumentale Toranlage den Eingang zu jenem Stahlwerk markieren, dem Eisenhüttenstadt seine Existenz verdankt. Auch sie wurde, anders als im polnischen Nowa Huta bei Krakau, nie gebaut. Zwischen Stadt und Werk verläuft heute nur eine Straße, die Beeskower Straße. Wo das Werk beginnt, steht senkrecht auf der Wiese unter Kiefern eine mattschwarz gestrichene Stahlplatte mit weißer Aufschrift: »Dieser Stahl ist hier gekocht. So wird es bleiben.«

Erst an diesem Ort habe ich Eisenhüttenstadt wirklich begriffen. Die Planstadt, in der ich anfangs so ziel- und orientierungslos herumgeirrt war, ist nur die eine Hälfte der Stadt. Deshalb konnte sie auch kein Zentrum haben. Die andere Hälfte ist das Eisenhüttenkombinat Ost. Stadt und Werk kann man nicht getrennt voneinander betrachten, sondern sie gehören zusammen. Das Zentrum von Eisenhüttenstadt ist da, wo das Werkstor fehlt und nun eine schwarze Stahlplatte steht.

Derjenige, der dafür gesorgt hat, dass in »Hüttenstadt« oder »Hütte« immer noch Stahl gekocht wird, ist Karl Döring. Döring hat das Stahlwerk nach der Wende erfolgreich in die Marktwirtschaft geführt und 3.000 Arbeitsplätze gerettet. Wir treffen uns in seinem Haus in der Werksiedlung am Diehloer Berg, wo er noch immer mit seiner Frau lebt. Natürlich hat Karl Döring vom Haus aus einen schönen Blick auf Eisenhüttenstadt und auch auf das Stahlwerk am Ende der Magistrale. »EKO ist ein Kind der DDR«, sagt der 1937 in Sachsen geborene Döring. »Das haben wir uns selber aufgebaut.« So ein Kind verlässt man auch nicht, wenn man sieht, dass es das Gröbste hinter sich hat.

Karl Döring ist keiner, der zögert, wenn sich ihm eine Chance bietet. 1955 setzte er sich als 18-Jähriger in einen Zug nach Moskau, um an der dortigen Hochschule für Stahl und Legierungen Metallurgie zu studieren. Nach seiner Rückkehr legte er eine steile Karriere hin, wurde bald Leiter des Stahlwerks in Riesa und stellvertretender Minister für Metallurgie der DDR. Wobei er »Karriere« dazu eigentlich nicht sagen würde. »In der DDR spielte die individuelle Karriere keine Rolle. Natürlich hatte man in einer herausgehobenen Position auch ein gewisses Prestige. Aber die Motivation bezog sich immer auf die Aufgabe, für die man ausgewählt wurde.« Heute sei das anders. »Wenn Sie heute Vorstand werden, ist die erste Frage die nach dem Salär und nicht, ob das eine interessante Aufgabe ist.«

Dörings Aufgabe, das war ab 1985 das EKO. Als er im ersten Jahr die Planvorgaben nicht schaffte, wurde ihm das Gehalt um 50 Prozent gekürzt. Das SED-Mitglied Döring fand das zwar ungerecht, protestierte aber nicht. Die Anordnung, den Fachdirektoren des Werkes ebenfalls das Gehalt zu kürzen, verweigerte er allerdings. Ein Jahr später hatte er gemeinsam mit der ganzen Führungsmannschaft EKO auf Vordermann gebracht. Im Jahr der Wende, sagt er heute noch stolz, »waren wir das modernste Stahlwerk in ganz Deutschland«.

In Sachen Produktivität aber lag Eisenhüttenstadt hinter den Stahlwerken im Westen zurück. Was also tun? »Wir wollten nicht verkauft werden, sondern mit unseren Konzepten in die Marktwirtschaft«, erinnert sich Karl Döring. Doch das war nicht möglich. Dass das EKO selbständig blieb, verbot das Treuhandgesetz. Ein Management-Buy-Out, also ein Rauskaufen aus der Treuhand, war ebenfalls nicht möglich. »Wer hätte uns denn als ehemalige SED-Kader einen Kredit gegeben?« Also blieb als einzige Alternative der Verkauf an einen Investor. Zwar gab es mit Krupp einen Kaufinteressenten, doch die Verhandlungen platzten. Thyssen, bis dahin größter Stahlproduzent in der Bundesrepublik, sagt Döring, habe bei der Treuhand eine Privatisierung an Krupp verhindert, weil Krupp mit EKO zum Branchenprimus aufgestiegen wäre.

Zwischenzeitlich stand sogar eine Zerschlagung des EKO zur Debatte. Doch da gingen die Kumpel, die loyal hinter der Geschäftsführung standen, auf die Straße. Döring ist darauf noch heute stolz: »Welche andere Belegschaft ist auf die A 12 gegangen und hat dann die Autobahn zugemacht?«

Die Rettung kam aus Belgien. 1994 übernahm der Staatskonzern Cockerill-Sambre die EKO Stahl AG. Zuvor hatte Karl Döring die Belegschaft von 12.000 auf 3.000 Mitarbeiter verringern müssen. 2.500 zusätzliche Arbeitsplätze waren durch Ausgründungen gesichert worden. »Damit haben wir die Grundlage für den Mittelstand von Eisenhüttenstadt geschaffen.« Heute gehört EKO zum Stahlriesen ArcelorMittal.

Zum 70. Jahrestag von Stadt und Werk 2020 hatte Karl Döring einen Wunsch. »Ich wünsche mir«, sagte Karl Döring zum

Abschluss unseres Gesprächs, »dass Stadt und Werk begreifen, dass sie sich gegenseitig brauchen.« Einig ist sich Döring damit mit dem Bürgermeister von Eisenhüttenstadt, Frank Balzer. »Eisenhüttenstadt ist mit dem Stahlwerk gewachsen und mit ihm geschrumpft«, sagt er. »Stadt und Werk sind eine Symbiose eingegangen.«

Stadt und Werk. Aber sollte man in Schwellenzeiten wie diesen nicht mit dem Schlimmsten rechnen? Mit einer Stadt ohne Werk? »Das ist ein heißes Eisen«, sagt dazu Florentine Nadolni, die junge Leiterin des Dokumentationszentrums Alltagskultur der DDR in Eisenhüttenstadt. »Es wird nicht offen angesprochen, eher versucht man immer irgendwie mit dem Werk Zukunft zu denken. Alternativen und Ergänzungen dazu wären aber interessant und wichtig.«

Nadolni will das »heiße Eisen« mit einer Ausstellung anpacken, die an die Transformation von Eisenhüttenstadt erinnern will. »Ohne Ende Anfang« heißt die geplante Schau, die auch thematisieren wird, warum sich die Bewohnerinnen und Bewohner, trotz der Aufbruchstimmung vor siebzig Jahren, von ihrer Stadt entfremdet haben. Von den 54.000 Einwohnern 1990 leben heute noch 24.000 in »Hüttenstadt«. »Heute«, stellt Nadolni fest, »fragen sich viele, ob mit der DDR auch Eisenhüttenstadt gescheitert ist. Also ist man vorsichtig, sich allzu stark mit der Stadt zu identifizieren. Man will nicht gleichgesetzt werden mit DDR und sozialistischem Aufbau. Deshalb identifiziert man sich lieber mit der schönen Umgebung, zum Beispiel mit dem Schlaubetal.«

Wenn ich das nächste Mal durch Eisenhüttenstadt schlendere, weiß ich, dass meine Faszination für die »sozialistische Planstadt«, wie auch das Schwärmen von Tom Hanks, zur Außenwahrnehmung gehört. Der steht die Innensicht des Bürgermeisters entgegen. Frank Balzer richtet den Blick lieber auf die Gegenwart. »Planstadt, das klingt ja so, als wollte man hier einen Ossipark aufbauen. Wir wollen aber auch Menschen haben, die sich hier erholen wollen. Und die jungen Leute von heute sagen: Was soll denn der Mist hier, ich will Leuchtreklame haben, ich will Halligalli haben.«

AUF DEN TISCH

Kieselwitz, Berlin-Neukölln

Als ich Anfang der achtziger Jahre aus dem Filstal nach Berlin zog, kannte ich weder Brandenburg, noch die Brandenburger Küche. Ich war auch nicht besonders erpicht darauf, sie kennenzulernen. Was ich auf dem Transit nach Westberlin und bei meinen Tagesausflügen nach Berlin, Hauptstadt der DDR, vorgesetzt bekam, reichte mir. Gegessen wurde, was auf den Tisch kam. Und das war das Gemüse der Saison (hätte etwas bissfester sein können), und der Schweinerücken kam von der nächsten LPG (über die wir was in der Schule gelernt hatten). Dass ich mich der Brandenburger Küche einmal hingeben würde, konnte ich damals nicht ahnen.

Auch nicht, als es mich 35 Jahre später in die Gegend von Siehdichum verschlagen hatte. Wie es der Zufall wollte, hatte unser Auto nicht nur ein Berliner Kennzeichen, dem dicken »B« folgten auch noch ein »I« und ein »O«. Nun gab es also ein Bio-Auto im Schlaubetal, aber wo waren die Bioläden? In Zeiten der *Green Economy*, in der selbst hartgesottene Hipster zu urbanen Gärtnern geworden waren und mit leuchtenden Augen von Aquaponik und vertikaler Landwirtschaft erzählen konnten, suchten wir dort, wo die Landwirtschaft noch horizontal sein durfte, vergeblich nach einem Bioladen. Was blieb, war das Bio-Sortiment bei Edeka und Rewe.

Doch dann wurde ich fündig. Ich weiß noch, wie ich meiner Frau eines Tages stolz davon erzählt hatte. »Es gibt in Beeskow einen Bioladen, direkt am Marktplatz neben der

Gasse, die zur Kirche führt. Und weißt du was? Per du bin ich mit dem Inhaber auch schon. Er heißt Klaus, aber eigentlich nennt er sich nur Bauer Klaus. Seinen Biohof betreibt er in Groß Muckrow.«

Hatte die Begegnung Folgen? Ja, schon. Insofern vielleicht, weil ich mich umzuhorchen anfing, wie viele Biobetriebe es sonst noch gibt rund um Siehdichum. Die Recherche war ernüchternd. Neben Bauer Klaus ist da lediglich noch Andreas Gliese. Bis zur Landtagswahl im September 2019 saß er für die CDU im Potsdamer Landtag, er hatte 2014 das Direktmandat für den Wahlkreis Oder-Spree II gewonnen. Für die Wahl 2019 war er mit großflächigen Plakaten angetreten. »Bio und CDU schließen sich nicht aus«, stand sinngemäß darauf. Auch bei uns in Grunow hat er an der Kreuzung ein solches Großplakat aufstellen lassen. Das Direktmandat hat ihm die Kandidatin der AfD weggeschnappt.

Von seinem Wohnort in Groß Briesen fuhr Andreas Gliese manchmal mit dem Auto nach Grunow und stieg in den Zug. Als ich ihn dort einmal traf, wollte er lieber über Politik als über die Landwirtschaft sprechen. Dabei hätte ich ihn gerne gefragt, warum im benachbarten Landkreis Dahme-Spreewald fast 40 Prozent der Flächen ökologisch bebaut werden, während es im Landkreis Oder-Spree nicht einmal fünfzehn Prozent sind. Und warum stattdessen in unserer Region eine große Agrargenossenschaft neben der anderen existiert. Kommt in Siehdichum immer noch die DDR auf den Teller? Leben wir in Ostbrandenburg immer noch in einer ökologischen Wüste?

Bio oder nicht Bio, das weiß ich inzwischen, ist auch eine Frage des Bodens. Schon vor mehr als zweihundert Jahren galten die Böden der Niederlausitz als sandig und karg, die Erträge waren mäßig. Weitaus besser waren die Böden in den Flussniederungen. Die Teilung der Landwirtschaft in reiche Böden in der Niederung und karge Böden auf den Hochflächen spiegelte sich auch in der Bewirtschaftung zu DDR-Zeiten wieder. Die großen Landwirtschaftlichen Produktionsgenossenschaften mit über 5.000 Hektar Flächen gab es in Wiesenau und Neuzelle, also an den Niederungsböden der Oder, und, etwas kleiner, in Ranzig an der Spree. Weitaus bescheidener fielen die LPG auf den Hochflächen aus. Die Beschäftigten der LPG Schlaubetal in Grunow mussten, wenn im Winter nichts zu tun war, zur Oelse ausrücken und mit den Baggern Torf abbauen. Und die LPG Tierproduktion Helmut Just in Kieselwitz hatte Mühe, genügend Futter für die Schweine und Rinder von den Feldern zu ernten.

Hat sich seitdem etwas geändert? An einem sonnigen Julitag empfängt Riccardo Fischer, Geschäftsführer der Agrargenossenschaft in Kieselwitz, mich und meine Frau in seinem Büro. Büro, Ställe und die zur Genossenschaft gehörende Landfleischerei haben noch die alte DDR-Adresse: LPG-Weg. Doch die Ställe sind auf dem neuesten Stand, auf manchen Dächern kleben Solarpaneele, vor der Landfleischerei steht am Donnerstagmorgen eine lange Schlange. Die Leute fahren also doch nicht nur zum Supermarkt, um ihr Fleisch zu holen, denke ich, in Kieselwitz holen sie es direkt vom Erzeuger.

Riccardo Fischer, groß, schlank, einnehmend, ist ein moderner Landwirt, keiner der ständig schimpft, sondern versucht, seine Genossenschaft durch Förderprogramme, Richtlinien und Marktzwänge zu manövrieren. In den achtziger Jahren, als ich nach Berlin kam, hat er in der LPG in Neuzelle gelernt, studierte dann an der Humboldt-Universität in Berlin Agrarökonomie und fing, als die Wende kam, in Kieselwitz an. Seitdem leitet er eine Genossenschaft mit sechzehn Beschäftigten und 1.050 Hektar Land, wovon allerdings vier

Fünftel gepachtet sind. 500 Rinder gehen im Jahr über seinen Hof, jede Woche wird eines von ihnen und ein Dutzend Schweine geschlachtet. Wurst, Schinken, Hüfte und Schnitzel gehen über die Theke. Der Rest des Viehs wird weiterverkauft.

Gab es in den vergangenen dreißig Jahren mal die Überlegung, auf Bio umzustellen? Riccardo Fischer lacht, er kennt die Frage, auch er hat sie sich schon gestellt. »Einmal haben wir fünf Jahre lang auf einer Teilfläche nicht gedüngt«, sagt er. »Das heißt, wir haben die Quecke mit dem Grubber rausgeholt. Die Anzahl der Bodenbearbeitungsschritte war deutlich größer als auf den anderen Flächen. Es hat sich nicht gelohnt. Als wir aufgehört haben, waren die Mitarbeiter erleichtert.«

Um auf Bio umzustellen, muss ein Mastbetrieb wie die Agrargenossenschaft Kieselwitz seine Rinder und Schweine auch mit Silage aus ökologischem Anbau füttern. »Doch das geben die Böden bei uns nicht her«, sagt Fischer. Dass der Landkreis Dahme-Spreewald einen deutlich höheren Anteil an Bio hat, liege auch am Spreewald.

Ein klassischer konventioneller Mastbetrieb ist die Agrargenossenschaft Kieselwitz dennoch nicht. Den Einsatz von Pflanzenschutzmitteln versucht Riccardo Fischer auf ein Mindestmaß zu beschränken, als Dünger kommt hauptsächlich der Mist aus den Ställen aufs Feld. Vor allem aber hat Fischer das Ziel, das Futter für sein Vieh selbst zu produzieren. »Wenn wir etwas zukaufen, ist es Raps als Eiweißträger. Alles andere an Futter kommt von uns selbst«, sagt er stolz.

Nicht Bio ist für Fischer entscheidend, sondern eine regionale Kreislaufwirtschaft, in der die Zwischenhändler möglichst außen vor bleiben. »Wir bekommen unsere Ferkel und Kälber von Betrieben, mit denen wir seit Jahren zusammenarbeiten«, sagt er. Zwar verkauft er neun von zehn Rindern nach der Mast weiter. »Da wissen wir dann auch nicht, ob das bei Tönnies landet oder woanders«, gibt er zu. Doch das Fleisch, das die Kunden bekommen, die vor der Landfleischerei Schlange stehen, ist von hier.

Direktvermarktung also. Für Fischer ist das nicht nur ein Zauberwort, sondern auch der Garant dafür, dass es seiner Genossenschaft gut geht. Fast 85 Prozent des Umsatzes macht Kieselwitz mit dem Verkauf in der Landfleischerei. Ein Schlachter wurde angestellt, vier Fleischer zerlegen die Rinder und Schweine, im Verkauf helfen auch Minijobber aus. Dazu kommen noch ein Tierfütterer und die, die auf dem Feld arbeiten.

Und was ist mit den Restaurants und Hotels im Schlaubetal? Bekommen die ihr Fleisch auch aus Kieselwitz. »Das ist nicht so einfach«, räumt Riccardo Fischer ein. »Wenn ich mit einem Restaurant Verträge mache, dann wollen die vor allem Rinderfilet. Aber das kann ich nicht liefern, weil ich bei einem Rind, das ich in der Woche schlachte, nur ein Filet habe.« Das aber will Fischer auch seinen Kunden im Laden anbieten. Der Direktvermarktung eines kleinen Mast- und Schlachtbetriebs sind also Grenzen gesetzt. Wenn man so will, sitzt Riccardo Fischer in der Wachstumsfalle. Wenn er nicht wächst, kann er seinen Kundenstamm nicht vergrößern. Wollte er aber wachsen, müsste er neue Flächen pachten, und das ist bei den steigenden Bodenpreisen schwierig. Also gibt er sich mit seiner Nische zufrieden.

Riccardo Fischer ist kein Bio-Landwirt, aber ökologisch denkt er trotzdem. Er sitzt im Naturschutzbeirat des Landkreises in Beeskow, ist aktiv im Kuratorium des Naturparks Schlaubetal, hängt an der Region und an seinem Beruf. »Ich könnte auf meine Flächen auch Solaranlagen stellen, dann hätte ich ausgesorgt«, lacht er. »Aber ich will Landwirtschaft betreiben.« Und natürlich hat er als Arbeitgeber auch eine soziale Verantwortung.

Anders als die viermal so große Agrargenossenschaft Neuzelle hat sich Riccardo Fischer noch kein Berliner Standbein aufgebaut, obwohl doch Brandenburgs grüner Landwirtschaftsminister Axel Vogel nicht müde wird zu betonen: »Die Brandenburger Landwirtschaft profitiert durch Berlin als großen Absatzmarkt im Herzen unseres Bundeslandes in hohem Maße. Zugleich profitieren die Berlinerinnen und Berliner durch regionale Lebensmittel, die direkt vor ihrer Haustüre angebaut werden.«

Dafür aber steht Bauer Klaus seit 2016 auf einem Berliner Wochenmarkt. Ein paar Tage, nachdem uns Riccardo Fischer erklärt hat, wie sein Betrieb funktioniert und uns die Ställe in Kieselwitz gezeigt hat, besuche ich Klaus Mruk, wie Bauer Klaus mit bürgerlichem Namen heißt, auf dem Markt »Die dicke Linda« auf dem Kranoldplatz. Dass Klaus sein Obst und Gemüse im tiefsten Neukölln verkauft, war zunächst eine pragmatische Entscheidung, sagt er. »Ich fahre samstags zuerst vom Hof in Groß Muckrow nach Beeskow, packe die Kasse ein, und dann geht es über die Autobahn nach Neukölln, das ist die kürzeste Entfernung.« Inzwischen hat er die Atmosphäre auf dem Kranoldplatz südlich des S-Bahn-Rings aber zu schätzen gelernt. »Hier sind viele junge Menschen, es ist multikulti, hier komme ich mal aus dem Dorf raus und kann Stadtluft schnuppern.«

Tatsächlich unterscheidet sich die Atmosphäre auf dem Ökomarkt in Neukölln von der auf dem Kollwitzplatz in Prenzlauer Berg oder dem Karl-August-Platz in Charlottenburg. Es ist kein Gedränge auf dem Kranoldplatz, die Linden sind mit runden, flachen Mäuerchen eingefasst, auf denen man bequem hocken und das Marktreiben beobachten kann. Nachbarschaftlicher und unaufgeregter als am Kollwitzplatz geht es hier zu, viele kommen, um beim Einkaufen ein

Schwätzchen zu halten oder sich auf einen Kaffee oder ein Glas Wein zu setzen. »Ich mag die Atmosphäre«, sagt Klaus Mruk, und die Neuköllner mögen Bauer Klaus. Mit seinem schmalkrempigen Strohhut und dem kurzärmligen Hemd, das er über der Jeans trägt, sieht er aus, wie sich ein Großstädter einen Brandenburger Bauern vorstellt. Oder einen in der Provence vielleicht. »Wenn ich einmal eine Woche nicht da bin, fragen mich die Leute in der Woche drauf, ob ich krank gewesen sei und ob es mir gut geht.«

Öko ist für Klaus Mruk nicht nur eine Frage der Zertifizierung, sondern auch der Haltung. »Ich bin bei meinem Opa auf dem Hof groß geworden, da habe ich gelernt, dass es wichtig ist, Zwischenfrüchte anzubauen und so wenig wie möglich zu düngen.« Und wenn der Boden nicht will, hilft eben ein Gewächshaus und mehr Wasser. Bei Obst und Gemüse geht das.

Und die Kunden? »Mit dem Bioladen in Beeskow würde ich nicht über die Runden kommen«, lacht er. Dann holt sich der 67-Jährige von gegenüber ein Glas Weißwein und schaut auf die Schlange, die vor seinem Obst- und Gemüsestand wartet. »Ohne den Wochenmarkt geht es nicht«, sagt Klaus. Und auch nicht ohne die »paar gehobene Restaurants«, wie er sie nennt, die er in Berlin mit Biofleisch beliefert.

Inzwischen weiß ich, dass beide irgendwie zusammengehören: der Biobauer und die Agrargenossenschaft. Denn beide haben eines gemeinsam: Sie wollen ihre regionalen Produkte möglichst direkt unter die Leute bringen. Dass dann ein Berliner Kennzeichen vor der Landfleischerei in Kieselwitz parkt oder ein LOS-Anhänger mitten in Neukölln steht, gehört zu dieser regionalen Landwirtschaft dazu. »Die Wertschöpfungskette bleibt in der Region«, sagt Riccardo Fischer. Und ich habe gelernt, dass eine Landfleischerei genauso wichtig ist wie ein Bioladen. Demnächst führt mich mein Weg also auch in die »Brennerei im Schlaubetal« nach Rießen, zum Hof Wiesengrund in Schneeberg, zu Fischer Karl-Heinz Weidner in Dammendorf, zum Neuzeller Bauernmarkt oder zum Hofladen der Agrargenossenschaft Ranzig.

Und wenn ich am Kranoldplatz dann sehe, dass die Stände dort PeppiKäse heißen, Traubenreich, TeTofu, Blech&Bohne, Barracuda Feinkost oder Endorphina Backkunst, dann ahne ich, dass die Neuköllner Bauer Klaus auch deshalb lieben, weil er an seinem Stand ein Plakat hängen hat, auf dem steht: »Äpfel, Birnen haben wir, was willste? Bei Regen gibt's auch Pilze.«

DER NORD-SÜD-KONFLIKT

Frankfurt, Lübben

Als Brandenburgs damaliger Innenminister Karl-Heinz Schröter 2015 die ersten Pläne für eine Kreisreform vorstellte, ging ein Schrei der Empörung durchs Land. Statt der seit 1993 bestehenden 14 Landkreise sollte es ab 2019 nur noch sieben, höchstens aber zehn geben. Kreisfrei sollte fortan nur noch Potsdam als Landeshauptstadt bleiben. Frankfurt (Oder) sollte dagegen in den neu zu bildenden Kreis Frankfurt-Oder-Spree eingegliedert werden.

Der Neuzuschnitt von Verwaltungsgrenzen hat immer etwas Einschneidendes. Doch die seit 2015 geplante, im November 2017 überraschend aber wieder abgeblasene Kreisreform war nichts im Vergleich zu dem, was zweihundert Jahre zuvor über die Menschen in der Region um Siehdichum gekommen war. Nach der Reform von Innenminister Schröter wären die Menschen in Neuzelle, Friedland, Beeskow und Lieberose immerhin noch Brandenburgerinnen und Brandenburger geblieben. 1815 aber mussten sich diejenigen, die bis dahin in der sächsischen Niederlausitz lebten, mit einer neuen Herrschaft arrangieren. Im Zuge der Neuordnung Europas nach der napoleonischen Zeit war auf dem Wiener Kongress entschieden worden, dass Sachsen die Niederlausitz an Preußen abgeben musste.

Frankfurt war, anders als 2015 geplant, bei dieser Neuordnung nicht potenzielles Opfer, sondern strahlende Gewinnerin. Ganz selbstverständlich war das nicht. Mitten in den Wirren der Franzosenzeit hatte Frankfurt 1811 die Viadrina verloren. Weil im Jahr zuvor die Berliner Universität gegründet worden war, die heutige Humboldt-Universität, wurde die 1506 als erste Landesuniversität in Brandenburg gegründete Viadrina von Frankfurt oderaufwärts nach Breslau verlegt. Für Frankfurt war das ein herber Rückschlag, meint der langjährige Leiter des Stadtarchivs, Ralf-Rüdiger Targiel. »Die ganze Stadt lebte mit und von der Universität.« Wovon sollte sie aber künftig leben?

In dieser Zeit des Umbruchs, in der noch nicht abzusehen war, dass die Niederlausitz zu Preußen kommen würde, sah die Stadt keine andere Wahl, als sich an den König höchstpersönlich zu wenden. Friedrich Wilhelm III. hatte ein Einsehen. Per Königlicher Kabinettsorder vom 28. Dezember 1814 verfügte er, das Neumärkische Oberlandesgericht von Soldin und die Neumärkische Regierung von Königsberg in die Oderstadt zu verlegen. Die Einrichtungen sollten den Verlust der Universität ein Stück weit ausgleichen.

Als dann 1815 Frankfurt neben Potsdam auch noch Sitz eines der beiden Regierungspräsidien der neuen preußischen Provinz Brandenburg werden sollte, war die Freude groß. Schnell stellte die Stadt der neuen Behörde einige Grundstücke in der Nähe des Marktplatzes zur Verfügung, darunter die Stadtschule und das Kalandshaus. Die Graupengießergasse wurde in Regierungsstraße umbenannt, wie sie heute noch heißt. Nach dem Abbruch der alten Gebäude in den achtziger Jahren des 19. Jahrhunderts wurde auf dem ganzen Karree zwischen Logenstraße und Regierungsstraße von 1898 bis 1903 das neue Regierungspräsidium im wilhelminischen Stil errichtet. Heute beherbergt es das Hauptgebäude der 1991 wieder gegründeten Viadrina als Europa-Universität. So verknüpfen sich an dieser Stelle auf ganz besondere Weise Universitäts- und Stadtgeschichte.

Was aber bedeutete das Glück von Frankfurt für Siehdichum? Wurden die schon vorher preußischen Territorien der Region, also Beeskow und Müllrose, nun besser behandelt als die ehemals sächsischen? Wurden auch Bewerber aus der Niederlausitz als Beamte im neuen Regierungspräsidium angestellt, das 1820 seine Arbeit aufnahm? Gab es für die »rückständigen Gebiete« der Niederlausitz besondere Förderprogramme? Und wie wurden die einzelnen Kreise behandelt?

Komplett zerschlagen wurden die Zugehörigkeiten beim Aufbau der neuen Verwaltung nicht. Das ehemalige Ordensamt der Johanniter in Friedland blieb zum Beispiel beim Kreis Lübben. Das Kloster Neuzelle gehörte nach seiner Auflösung 1817 weiterhin zum Kreis Guben. Müllrose und alle Orte nördlich des Friedrich-Wilhelm-Kanals wurden dem Kreis Lebus zugeschlagen. Einzig Beeskow tanzte bei der Neuordnung aus der Reihe. Es wechselte 1836 vom Kreis Lübben im Regierungspräsidium Frankfurt (Oder) zum Regierungspräsidium in Potsdam und bildete dort zusammen mit Storkow den neuen Kreis Beeskow-Storkow.

Während ich das schreibe, spüre ich, wie technisch das alles klingt, wie bürokratisch und leblos, dabei war die Neuordnung der Verwaltungsgrenzen vor zweihundert Jahren für das Leben der Menschen ein massiver Einschnitt. Mit der neuen Regierung in Frankfurt verlor die Niederlausitz ihre Eigenständigkeit und war nun stärker nach Norden ausgerichtet. Doch mit wem ich in Frankfurt auch sprechen wollte, kaum einer konnte oder wollte mir Auskunft darüber geben, wie Frankfurt mit seiner »Beute« aus dem Wiener Kongress umgegangen war, ob das Glück Frankfurts für andere ein Unglück war, ob die Niederlausitz gegenüber den anderen Territorien des Regierungsbezirks, der östlichen Kurmark oder der östlich der Oder gelegenen Neumark, benachteiligt wurde.

Sollte es so gewesen sein, ließen es sich die preußischen Bürokraten jedenfalls nicht anmerken. In der 1848 erschienenen Schrift *Der Regierungsbezirk Frankfurt an der Oder* beschreibt der Verfasser Dr. Eugen Kuhn den östlichen Teil der Provinz Brandenburg »geographisch, statistisch und topographisch« äußerst nüchtern und sachlich. Es ist zu erfahren, dass in den 18 Kreisen 799.772 Menschen lebten und »der ganze Regierungsbezirk eine weite, mit vielen Waldungen bedeckte, im Süden meistens sandige Ebene (bildete), welche hier und da durch Hügelreihen unterbrochen wird«. Die bevölkerungsreichsten Kreise lagen mit Königsberg (76.812) und Sternberg (72.432) in der östlich der Oder gelegenen Neumark. Die mit den wenigsten Bewohnern waren die Spreekreise Lübben (28.691) und Spremberg (14.216). Seit der Reise des Pastors Christian Gottlieb Schmidt durch die »wendische Tartarei« scheint der Kreis Lübben also wenig Boden wettgemacht zu haben, auch nicht als Kreis eines preußischen Regierungsbezirks.

Den größten Teil des Werkes von Kuhn nimmt die Beschreibung der Kreise, ihrer Städte und Dörfer ein. Über den Kreis Lübben, zu dem auch Grunow gehörte, heißt es: »Er umfasst drei Städte, 140 Dörfer, Vorwerke und Etablissements, 18 Rittergüter, 3.652 Häuser u. 28.691 Einwohner, wobei 95 Katholiken und 124 Juden.« Die Bevölkerungsdichte gibt Kuhn mit 1.515 Menschen je preußischer Quadratmeile an. Auf Quadratkilometer umgerechnet waren das 27 Menschen. Zum Vergleich: Heute beträgt die Bevölkerungsdichte des Landkreises Oder-Spree 79 Einwohner je Quadratkilometer. 1848 hatten die drei Städte Lübben, Lieberose und Friedland 4.691, 1.487 und 921 Einwohnerinnen und Einwohner.

Für Kuhn sind die 28 Jahre, die der Regierungsbezirk zum Zeitpunkt seiner Publikation bestand, vor allem eines – eine

Erfolgsgeschichte. So stieg nicht nur die Zahl der Bewohner von 1831 bis 1840 um fast 80.000 an. Auch in die Infrastruktur hatte das Regierungspräsidium in der Frankfurter Regierungsstraße investiert. »Die Kunststraßen haben jetzt eine Länge von 48 1/8 Meilen, während sie 1817 erst 7 ½ M. Lang waren.« 48.125 preußische Meilen entsprechen einer Länge von 374 Kilometern gegenüber 58 Kilometern im Jahr 1817. Wie viele Kilometer an Chausseen es in der Niederlausitz zur Zeit der Übernahme durch Preußen gegeben hat, geht aus den Statistiken von Kuhn nicht hervor. Allerdings gab es auch in Berlin die erste Chaussee erst mit der Pflasterung der Linden 1789.

Auch die Überführung des Klosters Neuzelle in ein preußisches Stift erwähnt er nicht. Stattdessen lobt er Frankfurt als neuen Verwaltungssitz mit dem Regierungspräsidium, dem Oberlandesgericht und den Finanzbehörden. Aber wer arbeitete in diesen Behörden? Während Kuhn darüber kein Wort verliert, berichten andere Autoren, dass der Adel verhältnismäßig stark in der preußischen Verwaltung tätig war. Auch die Absolventen der Universitäten, die in den Behörden ihre Karriere starteten, wurden nicht selten nobilitiert. Ob eine preußische Beamtenkarriere für die stolzen Adligen auf ihren Lausitzer Rittergütern erstrebenswert war, habe ich nicht erfahren.

Was bedeutete die Zäsur von 1815 für Siehdichum? Ich war irgendwo an einer Sackgasse angekommen. In Frankfurt kam ich nicht weiter. Also doch wieder nach Süden, nach Lübben, ins Oberamtsregierungshaus, wie das Schloss auf der Spreeinsel bis 1815 hieß. Denn Lübben war in sächsischer Zeit nicht nur Kreisstadt, betont Corinna Junker, die im Schoss das Museum leitet. »Lübben war seit dem 17. Jahrhundert die Hauptstadt der Niederlausitz.« Frankfurts Glück war also

Lübbens Unglück. »Nach 1815 verlor Lübben die Oberamtsregierung, das Finanzamt, das Amtsgericht. Das ging alles nach Frankfurt«, sagt Corinna Junker.

In ihrem Arbeitszimmer mit Blick auf die Schlossinsel hat sie ein paar Dokumente ausgebreitet, die zeigen, wie sehr sich die Zäsur 1815 auf das Leben in der Niederlausitz ausgewirkt hat. »Wenn man sich die Quellen durchliest, findet man immer wieder Klagen. Die Goldschmiede zum Beispiel haben plötzlich keine Arbeit mehr, weil kein Richter mehr einen Ring braucht. Die Putzmacher, die die Perücken herstellen, sind arbeitslos.«

Doch nicht nur die kleinen Leute klagen über Verluste, sondern auch die Adligen. »Es gibt hier ein Originaldokument vom 26. November 1816, also gewissermaßen kurz danach«, sagt Junker. »Da beschweren sich die Stände, dass sie keinen Johannislandtag mehr abhalten dürfen. Die sind richtig sauer, dass ihnen die Hauptaufgaben weggenommen werden.« Zu diesen Aufgaben gehörten Steuerbewilligungs- und die Steuererhebungsrechte. »Das traf die Stände mehr als der Verlust anderer Privilegien.«

Der Beschwerdebrief, den Corinna Junker gefunden hat, ging an das Regierungspräsidium in Frankfurt (Oder). In den Dokumenten findet sich zwar keine Antwort der Behörde, wohl aber ein Hinweis darauf, wie die Landstände das Problem lösten. »Sie haben 1824 die Hauptsparkasse der Niederlausitz gegründet. Durch den Landrat und den Landsyndikus.«

Landsyndikus der Niederlausitz war zu dieser Zeit Ernst von Houwald, eine schillernde Gestalt mit Sitz auf Schloss Neuhaus bei Lübben, das er in einen Musenhof verwandelte, auf dem unter anderem Bettina und Achim von Arnim, Adelbert von Chamisso, Friedrich de la Motte Fouqué, Franz Grillparzer und Ludwig Tieck ein- und ausgingen. Houwald war es auch, der 1826 Karl Friedrich Schinkel überredete, in Straupitz eine neue Kirche zu bauen. Bei meinem Besuch in Corinna Junkers Museum fällt endlich der Groschen. Immer wieder hatte ich mich gefragt, warum ausgerechnet eine so kleine Herrschaft wie Straupitz eine solch beeindruckende Kirche mit zwei Tümen bekommen konnte. Nun weiß ich, dass es der Trotz der Lausitzer Adligen war, die den Verlust ihrer Autonomie nicht ohne weiteres hinnehmen wollten.

Ein vergessenes Land, sagt Junker, sei die Lausitz vor 1815 gewesen, Abgehängtsein von den Landesherren und Autonomie waren immer Hand in Hand gegangen. »Doch dann kam der Break, jetzt wird gesagt, wir haben ein neues Ordnungssystem, eine andere Gesetzgebung, jetzt ist Schluss mit den Privilegien.«

Bei der Sache mit dem Johannislandtag haben die Lausitzer gelernt, dass sie auf Frankfurt nicht hoffen dürfen. In einer anderen Sache haben sie deshalb erst gar nicht mehr an das Regierungspräsidium geschrieben, sondern gleich an den König in Berlin. »Es ging um das Schloss, in dem wir hier sitzen«, erzählt Corinna Junker. »Nachdem es nicht mehr als Oberamtsregierungshaus genutzt wurde, fehlte der große Publikumsverkehr. Nur noch der Landrat war noch hier, er durfte zwar im Schloss wohnen, hatte aber weniger Personal. Das führte dazu, dass das Haus marode wurde. Der Westgiebel fing an, abzusacken.«

Im Schreiben an den König machen die Lübbener noch einmal auf ihre schwierige Lage aufmerksam, erklärt die Museumschefin. »Sie betonen, dass man als Stadt massiv an Bedeutung verloren hat. Der König sollte sehen, dass er es mit Lübben zu tun hat und nicht mit irgendjemandem. Und dann wird auch noch beklagt, dass es sich um das einzige landesherrliche Schloss im Markgraftum Niederlausitz handelt, denn die übrigen schlossartigen Gebäude zu Sorau, Spremberg, Friedland und Dobriluk seien eigentlich nur standesherrliche Wohnungen.«

Sollten die Lübbener darauf gehofft haben. den König zu beeindrucken, sahen sie sich getäuscht. »Der König schreibt zurück, dass er die Wiederherstellung nicht leisten kann«, zitiert Junker aus dem Antwortschreiben. »Unter Berücksichtigung des sonstigen baulichen Zustands lohne es sich nicht, den Westgiebel zu sanieren. Und dann spricht er auch noch vom geringen architektonischen Wert des Schlosses.«

Auch wenn das Schreiben an den König keinen Erfolg hatte, mit Frankfurt waren die Lübbener fertig. Und selbst wenn man dort in irgendeiner Angelegenheit hätte vorstellig werden wollen, wäre es eine beschwerliche Reise gewesen. Mit der Bahn konnte man von Lübben erst 1901 in die Regierungshauptstadt reisen. So lange dauerte es, bis die Niederlausitzer Eisenbahn fertiggestellt war. In Beeskow hieß es dann, weiter bis Grunow zu fahren, um dann Richtung Frankfurt umzusteigen.

Nach Berlin dagegen fuhr der Zug schon seit 1867, und zwar direkt.

TIEF DURCHATMEN

Ranzig, Müllrose

Es war ein Zoom in eine fast vergessene Zeit. Unter ein paar Kiefern lief ich Richtung See. Alle Sinne waren plötzlich wach. Barfuß ging ich, spürte zwischen den Zehen den sandigen Boden und die Kiefernnadeln, musste achtgeben, den Kienäppeln ausweichen. Ich atmete tief ein und wieder aus, spürte wie die Haut an meinen Unterarmen kribbelte, und dann war er wieder da, der Zauber aus jener Zeit gleich nach der Wende, als ich anfing Brandenburg zu entdecken.

Ich setzte mich auf eine langgestreckte Bank, die mit irgendeinem billigen Holzimitat bezogen war, und schaute auf den See. Am gegenüberliegenden Ufer zeigte das Schilf über dem Wasser einen bräunlichen Streifen. Es hatte lange nicht geregnet. In der Luft staute sich der heiße Sommer, die Sonne brannte auf die nackten Füße. Schnell zog ich meine Badehose an und sprang ins Wasser, tauchte unter, tauchte ein in dieses Gefühl, das noch älter sein musste als meine erste Zeit in Brandenburg, es fühlte sich leicht an, unbeschwert, fast wie Glück. Kinderglück.

Nach dem Schwimmen setzte ich mich, ohne mich abzutrocknen, wieder auf die Bank. Meine Haare tropften auf das Holzimitat. Am schmalen Sandstrand schaufelte ein Kleinkind Sand neben sein Eimerchen, seine Großeltern hatten einen Sonnenschirm in den Sand gesteckt, ein paar Meter weiter schüttelten zwei Jugendliche das Nass von ihren Armen. Warum fiel mich ausgerechnet hier diese Erinnerung an? War es der Duft der Kiefern, den ich auf dem Weg zum See aufgeschnappt hatte? Kiefernwälder an Seen gibt es doch überall in Brandenburg. War es das Untertauchen im kühlen Wasser? Aber das kannte ich auch vom Baden in Berlin, am Schlachtensee oder im Strandbad Weißensee.

Erst als mich die Sonne getrocknet und ich mir einen Kaffee geholt hatte, wusste ich, was das Besondere an diesem Ort war. Der kleine Badestrand am Ranziger See bei Beeskow war trotz Ferienbeginns nur von Einheimischen besucht. Am Kiosk namens *Strand-Eck* löste der Betreiber ein Kreuzworträtsel, und der Kaffee, den er mir eingoss, als er von seinem Rätsel aufblickte, schmeckte so wie im Sommer 1990 bei meinem ersten Ausflug an einen der Seen im Umland von Berlin. Ich war ein Fremder und fühlte mich dennoch aufgehoben und geborgen, einer der Jugendlichen, die mit großem Getöse von einem Steg wieder in den See sprangen, hätte, vor vielen Jahren, auch ich sein können.

Mein Gefühl, in die neunziger Jahre zurückgebeamt zu werden, hielt auch in den Sommern danach an. Schon im Mai komme ich an den Ranziger See zum Anbaden, und wenn wir sonntags von Berlin nach Grunow fahren und Lust auf Schwimmen haben, machen wir einen Abstecher zum Badestrand hinter den Kiefern. Nur schnell rein und schwimmen und dann weiter, herrlich abgekühlt und irgendwie beschwingt. So fühlt sich der Sommer an auf dem Land. Der Kindheitssommer, der bis in die Gegenwart reicht. Alles ist an seinem Platz, alles ist wie immer, nur die Bocciakugeln fehlen.

Doch immer im Frühjahr dann kommt diese kleine Sorge auf. Wird er wieder da sein, wenn die Ferien anfangen? Wird er wieder seinen Kiosk öffnen? Kaffee schwarz für einen Euro, aus einer Maschine, die angeblich auch Espresso kann. Den Espresso habe ich nie versucht. Er würde nicht zu meiner Erinnerung passen. Erst recht nicht ein Besuch bei einem der Badeseen im Umland, zu denen ich mich damals hinausgewagt hatte aus Berlin. Am Ranziger See aber, fernab der Hauptstadt, hat sich seitdem nicht viel geändert. Und ich hoffe jedes Jahr inbrünstig, dass es so bleibt.

Einige Freunde haben mich gefragt, ob ich, seitdem ich mit einem Bein in Grunow lebe, das Gefühl habe, ständig in den Ferien zu sein. Vielleicht haben sie es gefragt, weil auf dem Weg zum Schervenzsee das Schild steht: Ferienregion Schlaubetal. Oder sie sind einmal auf der A12 Richtung Frankfurt (Oder) und Polen gefahren und haben eines dieser braunen Hinweisschilder gesehen, die in Deutschland Sehenswürdigkeiten ankündigen. »Erholungsort Müllrose«, heißt es bei Kilometer 34, bei Kilometer 38 »Kloster Neuzelle«, bei Kilometer 40,5 steht »Naturpark Schlaubetal« auf der Tafel. Wenn sie dann von der Autobahn nach Süden abbiegen, begegnet ihnen bald der Hinweis: »Müllrose. Staatlich anerkannter Erholungsort«.

Sieh dich bloß um, dachte in diesem Moment, das ist bestimmt eine Fangfrage. Vielleicht soll sie mir sogar ein schlechtes Gewissen machen, weil da diese Kluft ist zwischen denen, die im Osten Brandenburgs kaum über die Runden kommen, und Leuten wie mir, die dort, wenn sie Zeit haben, die Beine baumeln lassen. Doch dann hörte ich mich um und musste feststellen, dass auch die Einheimischen die Ruhe und Beschaulichkeit genießen. Damals habe ich, glaube ich, nur ausweichend geantwortet. Heute würde ich sagen: Man kann hier arbeiten und trotzdem entspannt sein. Ob ihr das Ferien nennt, müsst ihr selbst entscheiden.

Zu den Ferienregionen im engeren Sinne gehört in der Region um Siehdichum eigentlich nur das Schlaubetal. Brandenburgs schönstes Bachtal wird auch vom Tourismusverband Seenland Oder-Spree als eigenständige Urlaubsregion vermarktet. »Natur pur«, lautet der Claim. »Idyllisch gelegene Naturseen, Kleinbiotope in Sumpf- und Wiesenlandschaften sowie der Bachlauf der Schlaube«, heißt es im Marketingdeutsch der Touristiker, würden sich zu einer »faszinierende Kulisse« zusammenfügen, »wie sie die Natur nur selbst schaffen kann«. Der Ranziger See gehört allerdings nicht dazu.

Außerhalb des Schlaubetals hat die Region vor allem Ziele zu bieten, die für Tages- und Wochenendausflüge interessant sind: Kloster Neuzelle, die Planstadt Eisenhüttenstadt, das mittelalterliche Beeskow. Etwas außer Konkurrenz läuft der Helenesee, der Ende der fünfziger Jahre zum Naherholungsgebiet der Frankfurter wurde, inzwischen aber als sauberster See Brandenburgs auch Gäste aus Berlin und Polen anlockt.

Aber sind Siehdichum und Umgebung auch ein *must have* für Kulturtouristen, werde ich manchmal gefragt. Was versteht ihr unter Kultur, frage ich dann zurück? Wenn ihr Fontane meint und Königsschlösser sucht, könnt ihr zuhause bleiben. Wollt ihr aber eine Landschaft entdecken, deren Puzzleteile zusammen tatsächlich eine Region *in statu nascendi* ausmachen, dann lade ich euch ein, das alles zusammen mit mir zu entdecken. Denn es gibt auch für mich noch so viel, das ich noch nicht gesehen, von dem ich womöglich noch nicht einmal gehört habe. Rund um Siehdichum seid ihr in einem Labor der neuen Schwellenzeit, in der sich entscheidet, ob Mensch und Landschaft zusammenbleiben oder getrennte Wege gehen.

Den Ranziger See meine ich in dem Moment nicht, auch wenn es sicher interessant wäre zu erfahren, warum ausgerechnet die Seen, die nicht von Flussläufen wie der Spree oder der Schlaube durchflossen werden, zu den saubersten der Region gehören. Neben dem Ranziger See und dem Tiefen See, die beide keine Verbindung zur Spree südlich von Beeskow haben, gehören auch der Helenesee und der Schervenzsee dazu. Eher meine ich zum Beispiel die Mühlen an Schlaube, Oelse und Dorche, die die Geschichte der Region seit mehr als siebenhundert Jahren immer weiter erzählen. Doch wie lange noch wird an der Ragower Mühle, der Bremsdorfer Mühle, der Schwerzkoer Mühle noch am Rad gedreht? Werden sie bald verschwinden wie jene Mühlen, von denen nur noch die Namen geblieben sind? Walkemühle, Klingemühle, Mittelmühle? So wie vielleicht der Strand-Kiosk eines Tages verschwunden sein wird?

Eine der Mühlen, die den Sprung in die Gegenwart geschafft haben, ist die Kaisermühle in Müllrose. 1275 gegründet und 1495 nach dem Müller Gore Kayser benannt, hat sie 1680 die Gestalt angenommen, die auch Constanze Mikeska vorgefunden hat. Eigentlich wollte die gebürtige Kleinmachnowerin, die in Potsdam arbeitete, nur ein Konzept für die Sanierung der Mühle schreiben, doch dann begann eine Liaison, die bis heute andauert. Aus der Mühle wurde ein stilvoll eingerichtetes Hotel mit einem Restaurant, das sich weit über die Region hinaus einen Namen gemacht hat. Constanze Mikeska hat eine Mühle zu neuem Leben erweckt, während andere im Schlaubetal den Bach runter zu gehen drohen.

So würde es Mikeska natürlich nie formulieren. Eher spricht sie von »Leistungsträgern«, die aufgrund ihres Alters ihre Mühlen samt Hotel und Gaststätte gerne übergeben würden. So wie im Allgäu zum Beispiel, wo die Höfe von einer Generation an die nächste gehen, weil die Tradition noch keine Marketinghülse ist, aber auch die Perspektiven stimmen. Im Schlaubetal steht aber keiner Schlange, der einen gastronomischen Betrieb übernehmen möchte, erst recht nicht, wenn es darum geht, zu kaufen, statt zu pachten.

»Selbst wenn sich Verkäufer und Käufer einig sind, scheitert es manchmal an den Banken, die nur noch ungern Kredite für die Gastronomie geben«, sagt Mikeska. Die Alternative aber sind Investoren, die keine persönliche Beziehung zur Region haben.

Constanze Mikeska ist nicht nur eine erfolgreiche Unternehmerin. Sie ist auch die ungekrönte Tourismuskönigin im Schlaubetal, ist aktiv im Tourismus Marketing Schlaubetal TMS, im Netzwerk des Naturparks. Sie sucht das Gespräch mit Kollegen, die in Schwierigkeit zu geraten drohen, entwickelt neue Produkte. Das jüngste hat mit Corona zu tun und heißt schlicht »Pausenbrot«. »Die Leute haben sich während Corona daran erinnert, wieder mit Pausenbroten wandern zu gehen. Im Zuge der Entdeckertouren wollen wir in Zusammenarbeit mit dem Seenland Oder-Spree das Pausenbrot als regionales Produkt entwickeln.« Natürlich soll es auch eine Pausenbrottüte mit dem passenden *Corporate Design* geben, das Mehl soll von der Müllroser Mühle kommen, das Bot von einer regionalen Bäckerei. »Wenn wir damit Erfolg haben, können wir vielleicht neue Zielgruppen ansprechen«, hofft Mikeska.

Die Zielgruppe für den Tourismus im Schlaubetal, das habe ich bald gemerkt, bin ich. Viel Natur, viel Wald, die Geschichte stellt sich einem nicht demonstrativ in den Weg, sondern will entdeckt werden. Wenn es dann noch gelingt, das Schlaubetal und Neuzelle zusammen zu denken, ist der Kern der Region gefunden. Von da an kann man dann seine Kreise ziehen, immer weiter, bis schließlich der Kern außer Sicht gerät.

Dass sich zu viele Menschen im Schlaubetal umsehen und es am Ende sogar einmal an seinem Erfolg zugrunde gehen kann, glaubt Mikeska nicht. »Ein Zuviel wird es hier vermutlich nicht geben. Das ist kein Landstrich, zu dem man

Minutentouristen mit Bussen karrt und auskippt. Hier kann man nicht bequem an den Point of View heranfahren. Es wird immer ein Gebiet sein, dessen Zauber man sich langsam nähert und behutsam erobert.« Dafür aber lockt ds Schlaubetal mit »Mikroabenteuern« wie Waldbaden, ausgedehnten Wanderungen und Radtouren, für Familien gibt es den Campingplatz am Schervenzsee und für Hippies das Festival *Bucht der Träumer* am Helenesee.

Constanze Mikeska muss geahnt haben, dass wir zu ihrer Zielgruppe gehören. Als ich mit meiner Frau vor vielen Jahren das erste Mal bei ihr übernachtet habe, hat sie uns mit dem Auto zur Bremsdorfer Mühle gefahren, von wo aus wir die 18 Kilometer lange Strecke bei eisigem Februarwetter zurückgewandert sind. Auch so ein »Mikroabenteuer«, obwohl ich das selbst so nie nennen würde.

Wird der Tourismus im Schlaubetal der Region auf die Sprünge helfen? »Wir liegen nicht wie Rheinsberg auf der Strecke von Berlin an die Ostsee«, dämpft Constanze Mikeska die Erwartungen. Aber sie hofft natürlich, dass die Stadtmüdigkeit vieler Berlinerinnen und Berliner auch dem Schlaubetal eine neue Aufmerksamkeit schenkt. »Ich stelle immer mehr fest, dass Berlin kein Herz mehr hat. Die Stadt ist absolut herzlos. Nichts, was man in der Hand halten und weitergeben möchte. Es ist eine Anhäufung individueller Menschen«, hat sie beobachtet. Das mache sich auch darin bemerkbar, dass mehr Menschen aus Berlin aufs Land ziehen wollen.

Aber würde das gut gehen? Sind da nicht neue Konflikte absehbar? »Wer vorher bemerkt hat, dass das Leben in der großen Stadt für ihn eine Lücke aufreißt, der hat sich schon längst ins Umland orientiert«, glaubt Mikeska. »Der drängt sich auch nicht dem Umland auf, wenn er hinauszieht. Er ist eher dankbar für ein neues Miteinander.« Schwierigkeiten sieht sie eher da, wo die Berliner ihr Berlin mit aufs Land bringen und anderen ihr Leben aufdrängen wollen.

Es ist also mit allem, auch am Ranziger See, eine Frage der Balance. Wird sie halten? Ganz sicher bin ich mir nicht. Im März 2020 habe ich das Prospekt einer Baugruppe aus dem Prenzlauer Berg entdeckt. Sie suchen Mitstreiter für den Neubau von Wochenendgrundstücken neben dem Pferdehof in Schneeberg, unserem Nachbardorf. Mehr als 3.000 Euro den Quadratmeter, um am Wochenende im Schlaubetal Dorf spielen zu können.

Und dann?

NEUE WILDNIS

Lieberoser Heide

Ich war schon mal im Dschungel. Im Nam Ha Nationalpark im Norden von Laos. Von Luang Namtha wanderten wir mit unserem Guide in die Berge, übernachteten in einem Dorf auf Brettergestellen, aßen Klebreis aus Bananenblättern und kehrten nach zwei Tagen zurück, voller Eindrücke vom Leben im Urwald. Dschungel, dachte ich damals, ist das richtige Wort dafür, denn Wildnis wäre ein wenig untertrieben. Wildnis gibt es ja inzwischen auch in Brandenburg.

Ganz sicher bin ich mir nicht mehr. Mitten in den Bergen von Nam Ha gab es immer wieder Stellen, an denen Brandrodung stattfand. Für die Bewohner der Region, in die nicht einmal Autostraßen führen, und die von Subsistenz leben, geht es nicht anders, hat man uns versichert, obwohl Brandrodungen im Nationalpark eigentlich verboten sind. Und dann war da noch die Stille im Dschungel. Keinen Vogel weit und breit haben wir gehört, nichts gesehen, was in den Bäumen lebte. Die Antwort: Es ist nichts mehr zu hören und sehen, weil alles gegessen wird, was sich bewegt. Unser Dschungel war nur Flora, die Fauna fehlte. Ist da Wildnis nicht doch spannender, auch wenn sie nicht so spektakulär daherkommt?

Wildes Brandenburg also. Schon als die ersten Braunkohletagebaue in der Lausitz aufgegeben wurden, stand der Begriff im Raum. Von »gestörten« Landschaften, die »repariert« werden müssten, wollten die Naturschützer nichts hören.

Stattdessen sollten die sich selbst überlassenen Bergbaufolgelandschaften als »Neue Wildnis« oder »sekundäre Wildnis« zum Experimentierfeld werden. Was passiert, wenn sich der Mensch zurückzieht und die Landschaft in Ruhe lässt? Im ehemaligen Tagebaugebiet Finsterwalde hat die NABU-Stiftung Nationales Naturerbe ein 20 Quadratkilometer großes Gelände gekauft, das sich nun als Wildnis entwickeln darf.

Wildes Brandenburg ist auch der Titel eines Buches, das das Landesumweltamt 2014 herausgegeben hat. Es stellt die elf Naturparke, drei Biosphärenreservate und den Nationalpark Unteres Odertal vor und ist eine Überarbeitung des Bandes *Adler, Otter, Orchideen*. Mit dem neuen Titel unterstreicht das Amt, eine nachgeordnete Einrichtung des Brandenburger Umweltministeriums, dass man es ernst meint mit der natürlichen Entwicklung. Bis 2020 sollten zwei Prozent der Flächen in Deutschland Wildnisflächen sein. In Brandenburg sind es immerhin 1,6 Prozent. Das ist ein Prozent mehr als der Bundesdurchschnitt von 0,6 Prozent. Was mich selbst ganz besonders freut: Eines der größten Wildnisgebiete der Mark befindet sich im Süden unserer Region. Es ist das Wildnisgebiet Lieberose der Stiftung Naturlandschaften Brandenburg.

Annemarie Kaiser begrüßt uns in ihrem Büro, gleich gegenüber dem Schloss der Schulenburgs. Die 32-Jährige ist eine von drei Mitarbeiterinnen in der Lieberoser Außenstelle der Potsdamer Stiftung und wird uns in die Wüste führen, die ohne Genehmigung und Führung nicht zugänglich ist. Es handelt sich um die größte Wüste in Deutschland. Fünfhundert Hektar misst sie und wird auch »Klein-Sibirien« genannt. Man könnte sie aber auch »Klein-Sahara« nennen. »Wenn man dort im Mai steht und am Parkplatz gibt es 21 Grad, sind es in der Wüste schon mal 26 Grad. Dann fängt das an zu flimmern«, sagt Annemarie Kaiser. Im Winter dagegen, das passt dann zu Sibirien, kann es extrem kalt werden, betont sie. »Deswegen dauert die Sukzession länger auf dieser Fläche. Aber natürlich auch, weil wenig Nährstoffe im Boden sind, es gibt in der Wüste keine Humusschicht.«

Die Wüste ist eines der Kerngebiete der Wildnis, die sich auf den Flächen der Stiftung ausbreiten darf. Als die sowjetischen Truppen 1992 vom Übungsplatz in der Lieberoser Heide abgezogen waren, haben sie ein Gebiet von 25.000 Hektar hinterlassen, das sind 250 Quadratkilometer, eine Fläche, die noch größer ist als der Naturpark Schlaubetal. Schnell stand die Frage im Raum, was aus dem Gebiet werden soll. Eine wirtschaftliche Nutzung kam nicht in Frage, weil die Fläche munitionsbelastet war. Also entschieden sich Bund und Land, es der Natur zu widmen. 3.150 Hektar erwarb die Stiftung Naturlandschaften. Die Wildnis ist das Alleinstellungsmerkmal der Region, in die mit einer Internationalen Natur Ausstellung neues Leben kommen soll. Die Stiftung von Annemarie Kaiser ist neben den Landkreisen Dahme-Spreewald und Spree-Neiße sowie der Gemeinde Schenkendöbern und den Ämtern Peitz und Lieberose/Oberspreewald Gesellschafterin der I.N.A.-Lieberoser Heide GmbH.

Wir verlassen Lieberose auf der Bundesstraße 168 Richtung Peitz und Cottbus. Gleich hinter dem Städtchen beginnt der Wald, der zunehmend niedriger wird, je weiter wir nach Süden kommen. Nach einigen Kilometern geht er in eine Heidefläche über, dann haben wir unser Ziel erreicht. Rechts an der Straße befindet sich mit dem »Sukzessionspark« einer der beiden öffentlichen Zugänge zur Lieberoser Wildnis. Der andere, »Wildnispfad« genannt, liegt weiter westlich an der Landesstraße 44 zwischen Lamsfeld und Butzen. Die Wege dort führen zwischen Seen und Mooren, wir aber brechen nun auf in die Wüste.

Ich habe mir, das gestehe ich, die Wüste anders vorgestellt. Mit aufgewehtem Sand und Wanderdünen zum Beispiel, jedenfalls hügelig und nicht so flach wie die Lieberoser Wüste. Aber die ist ja auch eine künstliche Wüste, entstanden bei einem Waldbrand 1942. »Die Panzer«, sagt Annemarie Kaiser, »haben nur nackten Sandboden übrig gelassen.«

Fast dreißig Jahre später ist die Wüste nicht mehr mit Sand bedeckt, sondern mit Silbergras, das gerade blüht und in der Sonne der weiten Fläche einen schimmernden Glanz verleiht. Ab und an sind kleine Waldkiefern zu sehen, Pionierbaumarten in dieser Region wie auch die Birke. »Die Kiefern und Birken spielen eine wichtige Rolle bei der natürlichen Wiederbewaldung«, sagt Kaiser und blickt mit ihrem Fernglas zum Horizont. »Es ist spannend zu beobachten, wie sich diese Fläche ohne den menschlichen Einfluss entwickelt.« Auch wenn dabei eine einmalige Attraktion wie die Wüste verloren geht, denke ich, ohne es auszusprechen.

Und dann bemerke ich, wie sich meine Wahrnehmung ändert. Um mich herum sehe ich nichts als karge Landschaft, am Horizont die rauchenden Schlote des Kraftwerks Jänschwalde. Langsam weicht meine Enttäuschung der Erkenntnis: Hier bleibt nichts, wie es war. Die Landschaft wandelt sich, selbst die Wüste wird einmal Wald sein und das Kraftwerk Geschichte. Wir betrachten eine Attraktion, deren Ziel es ist, zu verschwinden. Was wir dafür bekommen? Annemarie Kaiser lacht. »Die Urwälder von morgen«, antwortet sie.

Auf dem Rückweg zum Sukzessionspark erzählt Annemarie Kaiser, dass es zeitweise Vorbehalte gegen das Vorhaben gab. »Es gab Stimmen, die haben nach der Wende gesagt, dass sie schon zu DDR-Zeiten nicht auf das Gelände durften, und nun war die Befürchtung, ihnen würde erneut der Zugang zur Fläche verwehrt.« Allerdings war es die Stiftung Naturlandschaften, die die ersten Wanderwege zum Erleben der Wildnis geschaffen hat. Mit einer Internationalen Natur Ausstellung, so war die Hoffnung, hole man nicht nur die Gemeinden und Ämter ins Boot, sondern auch die Menschen in den Dörfern. Regionalentwicklung als Kompromiss zwischen der reinen Vermarktung der Flächen und Naturschutz pur: In Lieberose scheint es aufzugehen, weil sowohl die Stiftung Naturlandschaften als auch die I.N.A. Lieberoser Heide eine touristische Nutzung mitgedacht haben. So soll es neben den beiden jetzt schon bestehenden Anlaufpunkten auch einen Sternenpfad und einen Wüstenpfad geben – auf der Strecke, auf der mich Annemarie Kaiser in die Wüste geführt hat.

Ein entsprechender Förderantrag wurde bereits bewilligt. Lieberose gehört zur Förderkulisse der Lausitz und profitiert von den Geldern, mit denen der Strukturwandel umgesetzt werden soll. Finanziert wird nicht nur die weitere Entmunitionierung des Geländes, sondern auch der Heideradweg sowie ein Aussichtsturm auf dem Generalshügel.

Generalshügel, das klingt beinahe so geheimnisvoll wie Wüste. Bevor wir uns auf den Weg zur ehemaligen Kommandostelle der Manöver der Gruppe der Sowjetischen Streitkräfte in Deutschland GSSD machen, verabschiedet sich Annemarie Kaiser. Sie muss sich auf eine Führung mit einer grünen Landtagsabgeordneten vorbereiten, die am nächsten Tag stattfinden soll. Auf Drängen der Grünen wurde die Internationale Natur Ausstellung in den Koalitionsvertrag der Brandenburger Landesregierung aufgenommen. Auch für die Ökopartei ist Wildnis ein Zukunftsthema.

Der Generalshügel ist schon heute eine Attraktion. Vom Parkplatz und der aus rostenden Stahlbuchstaben zusammengesetzten Aufforderung AUSSICHT geht es in den noch sehr jungen Urwald von morgen hinein und dann auf einem Stichweg zum Hügel mit der weithin sichtbaren Tribüne. Die soll, so steht es auf einer Tafel, anlässlich des 1970 durchgeführten »Manövers Waffenbrüderschaft« des Warschauer Pakts mit 50.000 Soldaten errichtet worden sein. Auch Erich Honecker, damals noch nicht Generalsekretär des ZK der SED, und Leonid Breschnew sollen damals auf der Tribüne gestanden und ihren Blick auf die Lieberoser Heide gerichtet haben. Offiziell nannte die Sowjetführung den sieben Meter hohen Generalshügel mit Tribüne »Warschauer Höhe«.

Noch höher soll der Aussichtsturm der I.N.A. werden. 40 Meter hoch hatte uns Annemarie Kaiser noch am Parkplatz auf einer Skizze gezeigt. Auf Plattformen ist zu jeder Seite hin der Blick in die Wildnis möglich, zur Wüste nach Osten hin und nach Westen in Richtung des Wildnispfads. »Wer immer wieder kommt, kann dann vom Turm aus beobachten, wie sich die Wildnis nach ihrer eigenen Dynamik entwickelt. Ist das nicht faszinierend?«

Vorerst kann man von der Tribüne und im Sukzessionspark die verschiedenen Stadien der Wildniswerdung beobachten: von der offenen Sandlandschaft über das Grasland zur Heidelandschaft und den ersten Pionierwäldern, aus denen dann ein Mischwald werden soll.

Auch der Heideradweg soll dann fertig sein, hat Annemarie Kaiser in Aussicht gestellt. Er führt auf der stillgelegten Bahntrasse direkt ins Schlaubetal. Für Kaiser wäre es eine ganz besondere Verbindung. »Ich komme aus dem Schlaubetal, bin aber mit meinen Eltern viel in der Lieberoser Heide unterwegs gewesen. Ich kenne die Gegend also sehr gut, die Peitzer Teiche zum Abfischen, das Kraftwerk Jänschwalde, den Schwielochsee.«

»Mit dem Herzen«, gesteht Kaiser, »war ich aber schon immer der Wildnis verbunden.« Sie meint natürlich die Brandenburger Wildnis. Von meinem Besuch im laotischen Dschungel von Nam Ha habe ich ihr nichts erzählt.

STOFFWECHSEL

Müllrose

Es gibt in Berlin ein Nordisches Viertel, zu dem gehören die Bornholmer Straße, die Kopenhagener Straße und die Isländische Straße. Das Bayerische Viertel in Schöneberg blickt auf eine lange, auch jüdische Tradition zurück. In Neukölln wiederum sind einige Straßen nach Flüssen benannt, die Oderstraße zum Beispiel, die Aller- und auch die Leinestraße. Aber was ist mit einem Viertel, in dem die Straßen nach der Region zwischen Spree und Oder benannt sind? Okay, es gibt eine Lieberoser Straße (in Wittenau) und eine Müllroser Straße (in Friedrichshagen). Eine Beeskower Straße aber suche ich vergeblich in Berlin, und nach Neuzelle, dem Barockwunder Brandenburgs, ist nur ein kleiner Weg in Hohenschönhausen benannt. Die Grunowstraße in Pankow ist übrigens nicht nach unserem Grunow im nördlichsten Zipfel der Niederlausitz benannt, sondern nach einem spendablen Berliner, der seinen Grundbesitz für den Bau neuer Straßen zur Verfügung gestellt hat.

Die Region um Siehichum ist in Berlin so gut wie unsichtbar. Ganz anders verhält es sich mit Berlin im Brandenburger Südosten. Den vielleicht augenfälligsten Hinweis auf die Verbindungen zwischen Provinz und Metropole habe ich auf dem Zeisigberg bei Müllrose entdeckt, einer ehemaligen Lungenheilanstalt, die die Architekten Paul Brandes und Paul Hakenholz 1907 in Anlehnung an den Jugendstil gebaut haben. Auf einem der reich verzierten Balkone der Gartenseite steht fast lebensgroß ein Berliner Bär mit Wappenschild aus Sandstein – ein untrüglicher Fingerzeig darauf, woher die Tuberkulosepatienten auf dem Zeisigberg kamen. Berlin versorgte Müllrose mit Kranken, Müllrose, das Tor zum Schlaubetal, versorgte die kranken Berliner mit guter Luft.

»Stoffwechsel« nennt der Historiker Andreas Bernhard diesen Austausch zwischen der Metropole Berlin und der sie umgebenden Mark Brandenburg. Auch Heilanstalten wie die auf dem Zeisigberg bei Müllrose gehörten dazu. »Die Anstalten für Lungenkranke, Behinderte, psychisch Auffällige und Gefangene wurden bis Anfang des 20. Jahrhunderts aus der Stadt hinaus ins Land verlegt«, schreibt Bernhard in dem Buch *Stoffwechsel. Berlin und Brandenburg in Bewegung*. »Die Auslagerung erfolgte sukzessiv in immer größere Entfernung und war anfangs vielfach privat initiiert, wie die Maison de Santé in Schöneberg oder die Laehrsche Heilstätte in Zehlendorf.« Gut Zeisigberg war dagegen ein Projekt der Ortskrankenkasse für den Gewerbebetrieb der Kaufleute, Handelsleute und Apotheker in Berlin. Es war die erste Heilanstalt, die von einer Ortskrankenkasse errichtet wurde.

Auch in umgekehrter Richtung gab es einen solchen Stoffwechsel, und das hat rund um Siehdichum vor allem mit dem Rohstoff Holz zu tun. Denn in den Wäldern des Klosters Neuzelle, des Johanniterordensamtes oder den märkischen Wäldern bei Müllrose gab es nicht nur Holz, hier wurde es auch weiterverarbeitet, unter anderem in Sägewerken, die bei den Mühlen an der Schlaube und Oelse errichtet wurden.

»Der fast unerschöpfliche Reichtum an Holz im Ordensamt legte schon frühzeitig den Gedanken nahe, auch eine Schneidemühle zu errichten«, heißt es auf einer Tafel am Forstlehrpfad im Heidereiterdorf Dammendorf. »1618 befahl der Herrenmeister dem Hauptmann zu Friedland, den günstigsten Ort für die Anlage eines Unternehmens zu erkunden.« Ein Ort an der Schlaube in der Nähe der Kieselwitzer Mühle wurde aber bald wieder verworfen. Denn das Neuzeller Stift, dem die Wälder östlich der Schlaube gehörten, hatte verlangt, dass das Sägewerk als Erbpacht an den Kieselwitzer Müller gehen sollte. Mit dem Bruder des Müllers hatte das Ordensamt allerdings keine guten Erfahrungen gemacht, er galt als Holzdieb und Wilderer. Der Deal platzte.

Ein neuer Standort wurde dann nicht an der Schlaube, sondern an der Oelse gefunden, wohin der lange Arm der Neuzeller Äbte nicht reichte. So kam es 1620 zum Bau der Walkemühle. »Aus starken Kiefernstämmen«, heißt es auf dem Lehrpfad, »wurden hauptsächlich Dielen geschnitten, die auf dem Wasserweg über Beeskow nach Berlin geschafft wurden.« Dass die Spree bei Beeskow so weit nach Osten reicht, brachte der Gegend um Siedichum also einen gewissen Aufschwung.

Dielen von der Oelsemühle für den Bau der barocken Stadt Berlin: So reiht sich also auch Siehdichum ein in die lange Liste der Provinzorte, die die spätere Metropole mit Baustoffen, aber auch Nahrungsmitteln versorgt haben: Ziegel aus Zehdenick, Kachelöfen aus Velten, Zement aus Rüdersdorf, Obst aus Werder, Gurken aus dem Spreewald. Mit Dresden, zu dem die Niederlausitz lange gehörte, gab es einen solchen Stoffwechsel nicht.

Oft aber war die Region um Siehdichum nur Durchgangsstation. Die Steinkohle für die Kachelöfen und Allesbrenner der Hauptstadt kam zum Beispiel aus Oberschlesien und wurde über die Oder und ab Fürstenberg dann auf dem Oder-Spree-Kanal transportiert. Das Gedächtnis an die Route überdauerte auch Krieg und deutsche Teilung. Als Mitte der neunziger Jahre der Potsdamer Platz wie Phönix aus der Berliner

Asche steigen sollte, kam das Baumaterial auf der gleichen Route aus Polen in die Berliner Mitte. Selbst der Bauschutt wurde auf dem Wasserweg abtransportiert. Denn auch die Verklappung des Berliner Mülls gehörte laut Andreas Bernhard zum »Stoffwechsel« zwischen Berlin und der Provinz: »Berlins Lieferungen nach Brandenburg waren neben Luxusgütern vor allem Abwässer und Müll. Letzterer war zunächst ungeregelt im Umland entsorgt worden, nahm aber nun einen solchen Umfang an, dass nun zunächst der Kreis Teltow die bisherige Praxis verbot. Von nun an wurden Berliner Müllieferungen zu Deponien eine Einnahmequelle Brandenburgs.«

Eine neue Dimension erreichte dieser Export von übelriechenden Hinterlassenschaften nach der Reichsgründung mit Berlin als neuer Hauptstadt. »Seit 1874 legte die Stadt Berlin im Umland die Stadtgüter an«, berichtet Bernhard. »Die Zahl der Güter wuchs kontinuierlich und erreichte nach der Bildung von Groß-Berlin ihren größten Umfang, da nun die ehemaligen Rittergüter auf dem neuen Berliner Territorium automatisch zu Stadtgütern wurden. Nun existierten 51 Güter mit 150 ha Nutzfläche.« Auf den Rieselfeldern wurden nicht nur Berliner Fäkalien entsorgt. Sie dienten auch dem Gemüseanbau und der Milchproduktion. So stehen die Stadtgüter nicht nur für den Stoffwechsel zwischen Berlin und Brandenburg, sondern auch für Anfang und Ende des menschlichen Verdauungsprozesses.

Für ein Stadtgut war die Entfernung zwischen Berlin und Siehdichum zu groß. Überhaupt dünnte sich der Stoffwechsel aus, je weiter man sich vom Umland entfernte. Gibt es also auch einen regionalen Stoffwechsel? Um das herauszufinden, mache ich mich noch einmal auf den Weg nach Müllrose. Nicht auf das Gut Zeisigberg, sondern den ältesten

Betrieb der Stadt, der noch immer das produziert, womit er 1275 angefangen hat: Mehl.

Gleich zu Beginn meines Besuchs bei den Oderland Mühlenwerken im Zentrum der Stadt stand eine Entdeckung. Ich war über die LKW-Zufahrt auf den Hof der Industriemühle gelangt, dort, wo schon Roland Kaiser und Nena vor 5.000 Leuten aufgetreten sind, ging vorbei am Speicher, in dem der angelieferte Weizen und Roggen gelagert wird, bis er dann über ein Förderband in die Reinigung kommt, und plötzlich lag sie vor mir, obwohl ich sie an dieser Stelle gar nicht erwartet hatte. Eingebettet in ein kleines Hafenbecken sammelte sich das Wasser der Schlaube und machte sich träge auf den Weg Richtung Kleiner Müllroser See. »Noch bis Anfang der Neunziger wurde das Getreide auf Kähnen über den Oder-Spree-Kanal und die Schlaube angeliefert«, klärte mich Marco Hilse auf, mit dem ich in den Mühlenwerken verabredet war. Ein kleines Gastspiel hat die Schlaube auch heute noch, obwohl das Mehl inzwischen mit Elektromotoren gemahlen wird und das Mühlrad am See nur eine nostalgische Reminiszenz ist. »Wenn Konzerte sind, kommen die VIPs über die Schlaube aufs Gelände.«

Marco Hilse hat als junger Schulabgänger von 1997 bis 2000 in Müllrose Müller gelernt und ist heute der »Obermüller« der Müllroser Mühlenwerke. Stolz erzählt er, dass die Gesellschafter gerade erst in neue Maschinen investiert haben. »Der Standort Müllrose mit seinen 45 Mitarbeitern ist damit sicher«, freut sich Hilse. Bei einem Rundgang durch die historischen Gemäuer bekommt die Fassadenfront zwischen See und Marktplatz, die jeder kennt, der Müllrose einmal besucht hat, endlich ein »Dahinter«. Hinter den ältesten erhaltenen Gebäuden an der Seeallee befinden sich die Weizen- und die Roggenmühle, hinter der imposanten Backsteinfassade der Mehlspeicher.

Die Müllroser Mühle ist, neben dem See, nicht nur das Wahrzeichen der Stadt, sie ist auch Scharnier in einem regionalen Wirtschaftskreislauf, zu dem auch »Das Brandenburger Mehl« gehört. Seit 2017 ist es auf dem Markt, mittlerweile kann man es in einer Kilopackung bei Edeka in Müllrose kaufen. Eine kleine Spielerei, wie Hilse zugibt. »Wir verpacken selbst gar keine kleinen Mengen, bei uns geht das Mehl vor allem an Großkunden.«

Einer dieser Großkunden ist die Bäckerei Dreißig in Guben. Von der Lausitz bis in den Berliner Raum hinein reicht das Netz der rund hundert Filialen des 1911 gegründeten Familienunternehmens. Rund um Siehdichum gibt es »Dreißig« in Müllrose, Beeskow, Neuzelle, Eisenhüttenstadt und Frankfurt. »Aus Überzeugung für die Region«, lautet einer der Marketing-Claims der Firma. Entsprechend eng sind die Beziehungen zwischen Dreißig, der Agrargenossenschaft Neuzelle und den Oderland Mühlenwerken in Müllrose. »Einen Teil des Getreides beziehen wir in Neuzelle«, sagt Marco Hilse. »In Müllrose mahlen wir dann den Weizen und den Roggen zu Mehl, das in Guben schließlich von Dreißig verbacken wird.« Es gibt also tatsächlich nicht nur den Stoffwechsel zwischen Berlin und Brandenburg, sondern auch den in der Region selbst. Und Müllrose ist eine seiner Drehscheiben.

Marco Hilse weiß, dass das mit dem »regional« gut ankommt. Regionalentwicklung ist ein Ziel, auf das sich Naturschützer und Touristiker, Landwirte und die lokale Wirtschaft verständigen können, ein Wohlfühlthema im sonst oft von Konflikten geprägten ländlichen Raum. Das Brandenburger Mehl wurde Hilse förmlich aus den Händen gerissen, als es beim Neuzeller Erntefest erstmals zu kaufen war. Die regionale Wertschöpfung ist aber nur ein Teil der Realität. »Natürlich kaufen wir unser Getreide auch von der Börse und vom Weltmarkt«, sagt Hilse. »Wir reden in der Müllerei immer vom Handel oder von ›direkt vom Feld‹. Aus dem Handel kommen siebzig Prozent des Getreides.« Soll heißen, wohlwollend gerechnet sind zwei Drittel global, und nur ein Drittel ist regional.

Zur Region zählt für Hilse auch Berlin. Einer seiner Hauptabnehmer in der Hauptstadt ist die Industriebäckerei Harry. Aber auch für zahlreiche Dönerläden liefert die Müllroser Mühle das Mehl. »Unsere LKW brauchen von Müllrose bis zu Harry in Marzahn etwa anderthalb Stunden«, rechnet Hilse vor. Das ist nicht wenig, aber die Konkurrenz aus dem Westen hat längere Anfahrtswege. Ein Standortvorteil für die einzige Industriemühle im Osten Brandenburgs. In Mecklenburg-Vorpommern gibt es nach dem Aus für die Mühle in Jarmen gar keinen großen Mehlproduzenten mehr.

In Siehdichum soll es zu Katastrophen wie diesen gar nicht erst kommen. Vor allem in die Lausitz wird in den kommenden Jahrzehnten viel Geld fließen. Strukturwandel lautet das Zauberwort. Wie erfolgreich der Wandel sein wird, wird sich ebenfalls daran messen, inwieweit die Investitionen auch die regionalen Wirtschaftskreisläufe antreiben. Das wäre ja auch ein Stoffwechsel: Nicht der von Braunkohle zu Energie, sondern von Knowhow zu Zukunftsfähigkeit.

Macht das Müllroser Mehl die Region um Siehdichum sichtbarer in Berlin?, will ich zum Abschied von Marco Hilse wissen. Der Obermüller hat da eine nüchterne Antwort. »Wir werden immer wieder gefragt, warum wir unsere alte Regionalmarke Muelroser-Weizen aufgegeben und in Brandenburger Mehl umbenannt haben«, sagt er lachend. »Das ist ganz einfach. Brandenburg kennt jeder, Müllrose kennt kein Schwein.«

ABENDRUNDE

Grunow

Um zu wissen, wann es Zeit für die Abendrunde ist, muss ich nicht auf die Uhr schauen. Wenn die Sonne gerade noch über den Bäumen am Bahnhof steht, gehe ich los. Ich weiß dann, dass ich am Ende der Runde, wenn ich am Feldrand schon wieder unser Haus sehe, mit den letzten Sonnenstrahlen zurückkomme. Wenn die Sonne nicht scheint und es regnet, ziehe ich die Kapuze über den Kopf und schaue nicht in die Ferne, sondern auf die Erde. Auch da gibt es manchmal was zu entdecken. Zuletzt sogar, das glaube ich zumindest, Wolfsspuren.

Ich weiß nicht mehr, wann ich begonnen habe, den abendlichen Spaziergang meine Abendrunde zu nennen. Auch vorher bin ich schon raus aus dem Haus, über den Wäscheplatz aufs Feld, auf der Rückseite des Grundstücks zum Pflasterweg vor dem Bahnhof, an dessen Ende ein einsames Schild steht: »Bahnanlage. Befahren und Betreten durch Unbefugte verboten«. In Wirklichkeit hört an dieser Stelle nur die Beräumung bei Schnee und Eis auf. Seitdem ich hier bin, gab es kein einziges Mal Schnee und Eis.

Vielleicht war es der Wunsch nach Wiederholung, nach einem Ritual, das mich mit der neuen Umgebung in Grunow vertraut machen sollte. Je öfter ich das Ritual wiederholte, desto verbundener fühlte ich mich der Landschaft. Die Abendrunde als Heimischmacherin. Und auch als Landschaftsmacherin. Meine Abendrunde markiert ein Territorium, grenzt es ein, definiert es alleine durch mein Gehen, auch wenn es keinen Namen hat außer vielleicht diesen: Landschaft innerhalb der von mir begangenen Abendrunde.

Würde einen solchen Namen jemand verstehen? Nein, sicher nicht. Es sei denn, ich würde die Landschaft, die ich mit meiner Abendrunde abzirkele, beschreiben. Vom Bahnhof führt mein Weg entlang der Bahntrasse bis zum Kilometerstein 130.0. Linkerhand verrotten neben dem Gleis nach Frankfurt (Oder) die Bohlen der stillgelegten Strecke nach Cottbus, rechts salutiert ein wilder Mix aus Eichen, Ahorn, Birken, Kastanien, Unterholz. Weder bilden sie eine halbseitige Allee, noch markieren sie akkurat die Grenze zum Feld. Eher ist das alles dem Zufall überlassen. Hier ist seit der Stilllegung der Trasse hochgekommen, was hochkommen wollte, und dem Wind zum Opfer gefallen, was nicht tauglich war.

Wo die ehemalige Betriebsstraße der Bahn endet, erkenne ich am Pflanzenwuchs. Kurz hinter Kilometer 129.9 stehen im Mai die Gräser kniehoch, davor wächst nichts. Ich habe ein paar Abendrunden gebraucht, bis mir das aufgefallen ist. An Kilometer 129.9 steht ein Signalhäuschen, seine paar Fenster sind mit Blechplatten zugeschraubt, das Signal selbst muss schon lange nicht mehr von Hand gestellt werden. Doch der Weg bis zum Signalhäuschen wurde freigehalten. Manchmal haben Pestizide eine längere Haltbarkeitsdauer als eine Bahnstrecke.

Ab Kilometer 130.0 geht es dann querfeldein, erst über einen Hügel, dann auf einem Feldweg, dem ein mageres Kiefernwäldchen folgt. Hinter dem Wäldchen führt der Weg geradeaus weiter zur Landstraße, die von Grunow nach Mixdorf führt. Eine Reihe junger Ahornbäume folgt dem Weg, was mich schon beim ersten Mal, als ich hier war, gefreut hat. Die Pflanzung macht unmissverständlich klar, dass sich hier ein Weg befindet. Keine Selbstverständlichkeit ist das in

Zeiten, wo mehr und mehr Feldwege untergepflügt werden und Wegsteine verschwinden. Es stimmt schon: Da, wo es noch alte Wege gibt, ist die Landschaft intakter als dort, wo sie fehlen. Hat sie deshalb eine Zukunft?

Anstatt auf der Ahornallee weiter Richtung Landstraße zu gehen, biege ich rechts ab, noch immer in Tuchfühlung zum Kiefernwäldchen. Linkerhand befindet sich eine Kurzumtriebsplantage, halb Weiden, halb Robinien, die in einigen Jahren erntereif ist. Meine Abendrunde führt mich also, bevor mich die letzten Sonnenstrahlen treffen, zunächst über Bahngelände und danach durch eine forst- und landwirtschaftlich genutzte Landschaft, in der nichts dem Zufall überlassen ist. Nur in den ersten Wochen habe ich auf die Uhr geschaut. Eine halbe Stunde. Länger dauert die Abendrunde nicht.

Eine nicht weiter bekannte oder benannte Landschaft zu beschreiben: Vor dieser Aufgabe stand ich auch auf meinen großen Runden, die ich um den von mir selbst gesetzten Fixpunkt Siehdichum gedreht habe. Ich habe auf meinen Streifzügen und Annäherungen aus einem konkreten Ort eine Landschaft zu zaubern versucht, wie ein fahrender Gaukler das Kaninchen aus dem Hut. Eine Landschaft, die in diesen Umrissen nie existiert hat, es sei denn, man begreift Siehdichum auch als Aufforderung, einzutauchen in die Geschichte und Gegenwart einer Region, deren Grenzen man sich selbst setzt, als Gelegenheit. sich umzusehen, zu beschreiben, sich einen Reim darauf zu machen, was man entdeckt oder in den Gesprächen mit den Menschen vor Ort erfährt. Denn Landschaft ist nicht nur von Menschen angeeignete Natur, sie entsteht auch im Dialog mit anderen.

Ich habe mich umgesehen und habe all das, so es mir möglich war, zu beschreiben versucht. Ist daraus nun eine Region entstanden?

Womöglich bin ich derjenige, der diese Frage am allerwenigsten beantworten kann. Ich kann nur sagen, dass ich die Landschaft zwischen Spree und Oder, Müllrose und Lieberose seitdem mit anderen Augen sehe. Nicht nur mit meinen, sondern auch mit denen meiner Gesprächspartnerinnen und Gesprächspartner, die mir ihre Perspektive auf die Region nahe gebracht, ihre Erfahrungen mit der Landschaft mit mir geteilt haben, mich teilhaben lassen an ihren eigenen Abendrunden, die sie seit Jahren und Jahrzehnten um die Orte drehen, an denen sie leben, geboren sind, arbeiten.

Ob ich der Region gerecht werde, wenn ich sie Siehdichum nenne, weiß ich deshalb immer noch nicht. Ich weiß ja nicht einmal, ob es eine Region ist. Ob ich nicht zu sehr dem Kartenausschnitt an unserer Küchenwand vertraut habe, an dessen Rändern sich Beeskow befindet, Müllrose, Frankfurt, Eisenhüttenstadt, Neuzelle, Lieberose. Was ich aber schnell wusste: Ich bin in eine Grenzregion geraten. Am Rande der Mark und der Niederlausitz war die Macht der Landesherren bis vor zweihundert Jahren begrenzt. Das hat nicht nur die Erfahrung des Abgehängtseins hervorgebracht, sondern auch einen gewissen Stolz. Der unterscheidet Siehdichum von anderen abgehängten Regionen der Mark. Und er gibt ihr die Chance, tatsächlich zu einer der »neuen Regionen« zu werden, die von der Legitimationskrise der Stadt, der neuen Lust aufs Land, dem neuen Arbeiten in »urbanen Dörfern« profitieren. Vielleicht ist es die auf Geschichte und Landschaft gründende Identität, die Regionen wie diese nicht als Verlierer, sondern gestärkt aus der neuen Schwellenzeit kommen lassen. Auch wenn sie weitab der Metropole liegen.

An all das denke ich während meiner Abendrunde nur selten. Vielmehr denke ich, wann ich zuletzt beim Baden in Ranzig war, der Heideblüte bei Reicherskreuz, um den Treppelsee gegangen oder am Treidelweg entlang geradelt bin. Aber heißt das nicht, dass ich eingebunden bin, dass irgendwer ein Netz über mich geworfen hat mit einem bestimmten Radius, ein Netz, dem ich nicht mehr entkomme und auch nicht entkommen will, weil es mich nicht nur zwingt zu bleiben, sondern auch Zugehörigkeit verspricht.

Ein solches Netz, das habe ich bei meinen Streifzügen und Gesprächen gelernt, haben viele in der Region. Und jeder definiert es für sich anders. Wer die Region aus der Beeskower Perspektive betrachtet, sieht vor allem das Land zwischen Spree und Oder mit dem Schlaubetal in seiner Mitte. Der Süden gehört da nicht unbedingt dazu. In Lieberose wiederum schaut man eher auf Guben und Cottbus als nach Frankfurt und Beeskow. Es gibt Menschen, die ziehen den Kreis um sich sehr eng, andere orientieren sich eher an der Oder entlang nach Neuzelle und Ratzdorf. Erstaunlich ist, wie die alten historischen Grenzen fortleben in den *mental maps* mancher Bewohnerinnen und Bewohner. So reicht das Zugehörigkeitsgefühl in Schönfließ bei Eisenhüttenstadt eher bis kurz vor Guben als über die Schlaube hinweg nach Dammendorf oder Grunow. Mit den ehemaligen Klosterdörfern teilt man mehr an Geschichte als mit den Dörfern, die zum Ordensamt in Friedland gehörten. Beide wiederum aber verbindet die Zugehörigkeit zur Niederlausitz, zur Kultur der Sorben, dem Zampern zur Fastnachtszeit, den zweisprachigen Ortsnamen, auch wenn die sich heute gar nicht mehr auf den Ortsschildern wiederfinden, weil manche Orte schon lange nicht mehr zum sorbischen Sprachgebiet gehören.

Wenn ich anfange, die *mental maps* aufzuzählen, merke ich, wie leicht es ist, sich zu verheddern, etwas zu vergessen, in manches mehr hineinzuinterpretieren als es zulässig ist. Dann überlege ich, ob ich mich nicht verzettelt habe, ob ich überhaupt befugt bin, mir ein solches Urteil zu erlauben, ob ich nicht kleinere Brötchen hätte backen sollen, mich zum Beispiel auf die Läufe der Oelse oder der Schlaube beschränken sollte. Wenn ich aber wieder auf die Karte in unserer Küche schaue, ziehe ich in Gedanken immer wieder neue Kreise um die Orte, die ich erkundet habe und stelle fest, dass ich noch längst nicht alles gesehen habe. Siehdichum bedeutet eben auch, nicht auf der Stelle zu treten, sondern loszugehen, sich hineinzuwagen ins Unbekannte, zu vergleichen, zu urteilen, auch wenn andere diesem Urteil widersprechen würden. Über Landschaften nachzudenken und sie zu beschreiben, ist eine Einmischung und Provokation. Aber auch durch Reibung entsteht der Dialog, der sie erst hervorbringt.

Wenn ich aufbreche zu meiner Abendrunde, habe ich nicht nur den Bahndamm oder später unser Haus im Blick. Ich habe auch gelernt, dass es mehr gibt als vier Jahreszeiten. Im Januar zum Beispiel muss ich schon zeitig los, sonst droht die Dunkelheit, die außerhalb der Dorflage noch ein bisschen unheimlicher wirkt als sonst. Regnerisch ist es dann im Februar, und im März kann es sein, dass ich die Mütze abnehme, weil die Sonnenstrahlen manchmal schon wärmen. Dann treiben die ersten Bäume aus, erst die Ahorne und Kastanien, im Mai schießt das Gras, zumindest am Rande des Pflasterwegs, und im Sommer dehne ich meine Runde gerne noch etwas aus und gehe um die Kurzumtriebsplantage herum auf den Sandweg, auf dem ich die Schuhe ausziehen und barfuß laufen kann. Schließlich der Herbst, wo sich der wilde Baummix entlang des Bahndamms in eine ebenso wilde Farbmischung verwandelt.

Meine Abendrunde hat eine räumliche und eine zeitliche Dimension, habe ich irgendwann begriffen, und die Zeit verläuft nicht linear, sondern in Ellipsen. Am Anfang dachte ich, es gibt nur zwei Zeiten, die ich kennen muss. Minute 13 und

Minute 53. Dann bimmelte es ein paar Sekunden, bevor sich die beiden Bahnschranken schlossen. Minute 13 kam die Regionalbahn nach Beeskow und weiter nach Königs Wusterhausen. Minute 53 die nach Frankfurt. Als der Zug das erste Mal an mir Richtung Frankfurt vorbeifuhr, dachte ich einen Moment daran, ob es den Zugführer stört, dass ich verbotenerweise auf dem Bahngelände unterwegs bin. Es war ein Stadtgedanke, den ich da dachte, seitdem denke ich ihn nicht mehr. Bin ich angekommen?

Wie genau diese Ellipsen aussehen, in denen die Zeit verläuft, kann ich nicht beschreiben, eher fühle ich es. Eine Runde ist kein Weg, den man hin geht und wieder zurück. Und natürlich ist die Zeit kein Weg, schon gar nicht ein Rundweg. Vielleicht ist es eher so, dass mir das Zeitgefühl in Grunow und Siehdichum abhandengekommen ist. Nicht, dass ich plötzlich unpünktlich geworden wäre, aber sie ist nicht mehr so wichtig. Mal bleibt die Zeit stehen, mal rast sie davon, aber das merke ich dann nicht. Oder ich merke es erst nach einem Tag im Garten, wenn der Abend anbricht und noch längst nicht alles getan ist.

Auch die Zeit, die über die Landschaft von Siehdichum gegangen ist, verläuft wohl in diesen Ellipsen. Einst gab es zwischen Spree und Oder dichte Wälder und unzugängliche Sümpfe. Mit der Holzzeit wurde ein Großteil der Wälder gerodet, denn Holz war in armen Regionen das Gold der Frühen Neuzeit. Als die Holzzeit dann in eine Holznot mündete, wurde die Nutzung der Wälder eingeschränkt, der Grund und Boden privatisiert und wieder aufgeforstet. Gleichzeitig wurde das Holz als Energieträger Nummer eins von der Kohle abgelöst. Nun aber ist auch die Kohlezeit zu Ende, und neue Energien wie Wind und Sonne lösen die Kohle ab. Mit dem Klimawandel kommen extreme Dürreperioden und Starkregen, auch das gehört zur Schwellenzeit von heute.

Und ein neues Waldsterben. Als ich an diesem Text gearbeitet habe, hieß es immer öfter, dass die Buche, mein Lieblingsbaum, das Jahr 2050 in Brandenburg nicht überleben würde. Was wird an ihrer Stelle wachsen? Solche Fragen sind typisch für Schwellenzeiten, und auch, dass es keine eindeutigen Antworten darauf gibt.

Eine Ruhe liegt über der Landschaft und eine Stille. Sind es die Ruhe und die Stille vor dem Sturm, den solche Schwellenzeiten mit sich bringen? Wenn ich mir solche Fragen stelle, beruhigt es mich, dass sie nicht neu sind. Dass es solche Fragen nach dem Platz des Einzelnen im großen Ganzen auch um 1800 herum gegeben hat. Dass es sie auch in zweihundert Jahren noch geben wird oder, weil sich die Zeit vielleicht schneller dreht, in hundert oder in dreißig Jahren, sollten die Buchen tatsächlich verschwinden.

Siehdichum, das weiß ich inzwischen, ist nicht nur eine Sehschule, es lehrt auch Gelassenheit. Mein Siehdichum ist eine Momentaufnahme, mehr nicht. Und jetzt lege ich den Stift beiseite und mache mich wieder auf den Weg.

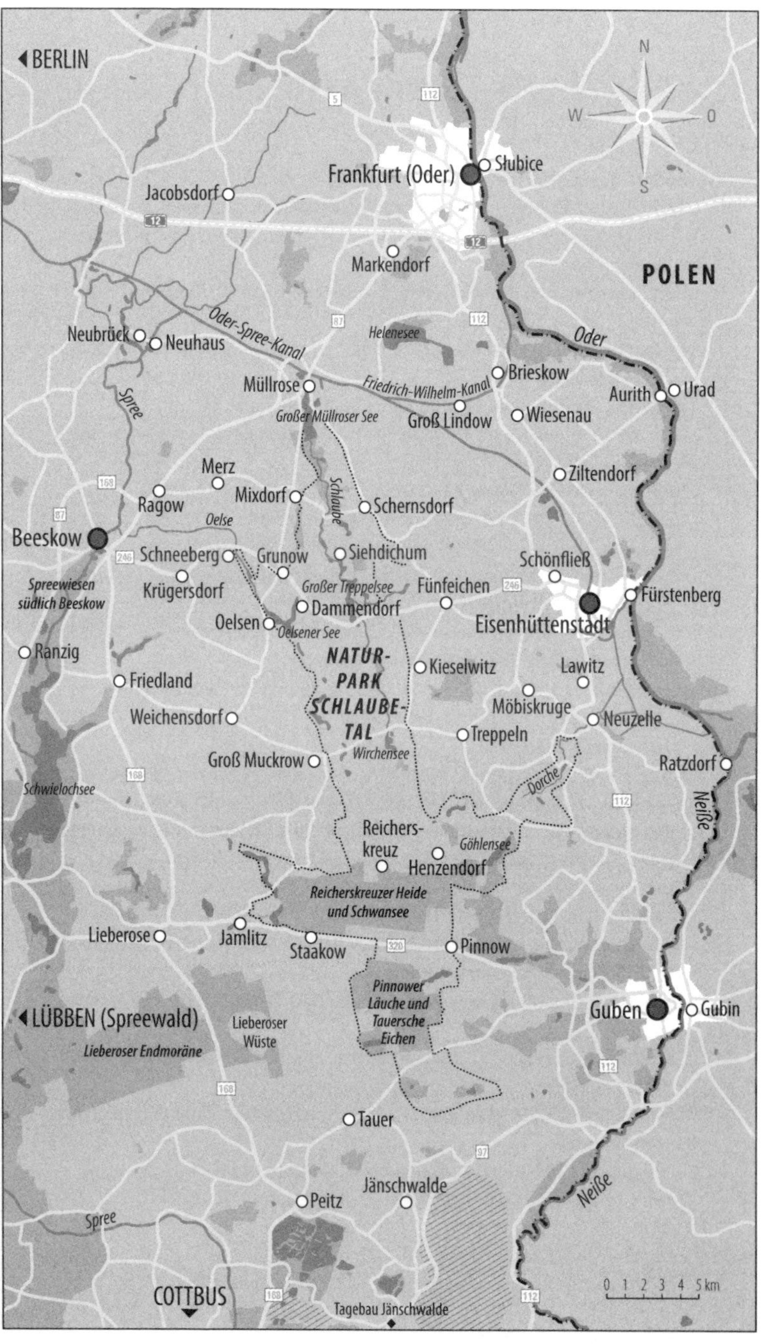

BERLIN
N
W
O
S
Frankfurt (Oder)
Słubice
Jacobsdorf
Markendorf
POLEN
Oder-Spree-Kanal
Helenesee
Oder
Neubrück
Neuhaus
Spree
Müllrose
Friedrich-Wilhelm-Kanal
Brieskow
Aurith
Urad
Großer Müllroser See
Groß Lindow
Wiesenau
Merz
Ziltendorf
Ragow
Mixdorf
Schlaube
Schernsdorf
Oelse
Beeskow
Schneeberg
Grunow
Siehdichum
Schönfließ
Spreewiesen südlich Beeskow
Krügersdorf
Großer Treppelsee
Fünfeichen
Fürstenberg
Dammendorf
Oelsen
Oelsener See
Eisenhüttenstadt
Ranzig
NATUR-PARK SCHLAUBE-TAL
Kieselwitz
Lawitz
Friedland
Möbiskruge
Weichensdorf
Neuzelle
Treppeln
Wirchensee
Groß Muckrow
Ratzdorf
Schwielochsee
Dorche
Neiße
Reichers-kreuz
Göhlensee
Henzendorf
Reicherskreuzer Heide und Schwansee
Lieberose
Jamlitz
Staakow
Pinnow
Pinnower Läuche und Tauersche Eichen
Guben
Gubin
LÜBBEN (Spreewald)
Lieberoser Wüste
Lieberoser Endmoräne
Tauer
Jänschwalde
Peitz
Spree
Neiße
COTTBUS
Tagebau Jänschwalde
0 1 2 3 4 5 km

LITERATUR

Anders, Kenneth/Fischer, Lars: Landschaftskommunikation. München 2020
Bayerl, Günther/Maier, Dirk (Hrsg.): Die Niederlausitz vom 18. Jahrhundert bis heute: eine gestörte Kulturlandschaft? Münster, New York, München, Berlin 2002
Breymayer, Ursula/Ulrich, Bernd (Hrsg.): Unter Bäumen. Die Deutschen und der Wald. Dresden 2011
de Bruyn, Günter: Abseits. Liebeserklärung an eine Landschaft. Frankfurt am Main 2005
de Bruyn, Günter: Mein Brandenburg. Frankfurt am Main 1993
Gansleweit, Klaus Dieter (und andere): Eisenhüttenstadt und seine Umgebung. Berlin 1986
Hänschen, Gudrun: Menschen gehen, Geschichten bleiben. Müllrose 2007
Hänschen, Gudrun: Hier sieh dich um! Müllrose 2008
Hänschen, Gudrun: Geschichte spüren. Müllrose 2013
Haubold, Hans-Wolfgang: Die Planstadt. Eisenhüttenstadt. Die Wohnkomplexe I-IV. Eisenhüttenstadt 2000
Heimann, Heinz-Dieter/Neitmann, Klaus (Hrsg.): Die Nieder- und Oberlausitz im Bild historischer Karten. Berlin 2014
Jordan, Lothar (Hrsg.): Geschichte und Landschaft. Würzburg 2009
Krüger, Gerhard: Aus der Vergangenheit des Ordensamtes Friedland/Niederlausitz. Lübben 1937
Krüger, Karl: Alt-Lieberose. Mitteilungen aus der Geschichte der Stadt Lieberose und der Gegend. Lieberose 1904. Reprint Guben 2008
Küster, Hansjörg: Geschichte der Landschaft in Mitteleuropa. München 1999
Küster, Hansjörg: Geschichte des Waldes. München 1998
Norberg, Madlene/Kosta, Peter (Hrsg.): Sorbische/Wendische Spuren in der nördlichen Niederlausitz. Potsdam 2019
Rada, Uwe und Kulturland Brandenburg (Hrsg.): Stoffwechsel. Brandenburg und Berlin in Bewegung. Leipzig 2008
Rada, Uwe: Die Oder. Lebenslauf eines Flusses. Leipzig 2005 und München 2009
Stiftung Stift Neuzelle (Hrsg.): Atlas des Zisterzienserstifts Neuzelle. Reprint. Berlin 2018
Tölle, Heinz: Waldlandschaften Ostbrandenburgs. Das Schlaubegebiet. Bielefeld 2000
Tölle, Heinz: Die Mühlen im Schlaubetal. Müllrose 1998
Töpler, Winfried: Das Kloster Neuzelle. Berlin 2003

ORTSREGISTER (AUSWAHL)

DANKE

Mein erster Dank gilt dem von mir verehrten und im Oktober 2020 verstorbenen Günter de Bruyn, dessen Landschaftsporträt *Abseits* für mich zu den schönsten Büchern über Brandenburg gehört.

Angestiftet zu meinem Buch über eine Brandenburger Landschaft haben mich unter anderen Manfred Krauß und Angela von Lührte, mit denen wir unzählige Male die Wälder um Siehdichum durchstreiften und die mich gelehrt haben, sie zu »lesen«. Hansjörg Küster hat mich, seitdem er weiß, dass ich an diesem Text arbeite, mit zahlreichen Funden aus seiner Bibliothek unterstützt. Dass ich mich mit »Siehdichum« nicht auf dem weiten Feld des *Landscape writing* befinde, sondern dem sehr viel konkreteren der Landschaftskommunikation, habe ich bei Kenneth Anders und Lars Fischer gelernt. Danke auch an Mike Dittrich, Nico Brunkow und Norman Heß, die mir immer wieder wichtige Anregungen gegeben haben. Gleiches gilt für Gudrun Hänschen und ihre historischen »Grabungen«. Nicht zuletzt habe ich Winfried Töpler zu danken, der den Hinweis gefunden hat, dass der Name Siehdichum für das Jagdhaus der Neuzeller Mönche viel früher erwähnt wurde als bisher angenommen.

Ein ganz besonderer Dank gilt Sabine Kroner, von der ich viel über das Verhältnis von Stadt und Land gelernt habe, sowie an Stephan Felsberg und Dagmara Jajeśniak-Quast, mit denen ich wunderbare Projekte an der Viadrina auf die Beine stellen durfte. Schließlich möchte ich Merle Hilbk danken, die mir beim Heimischwerden zwischen Beeskow und Frankfurt sehr geholfen hat.

DER AUTOR

© Inka Schwand

Uwe Rada, geboren 1963, ist Journalist und Schriftsteller. Er lebt seit 1983 in Berlin und seit 2018 auch in Grunow im Schlaubetal. Er veröffentlichte zahlreiche Bücher, unter anderem »Die Oder. Lebenslauf eines Flusses«. Im be.bra verlag gab er (zusammen mit Mateusz Hartwich) »Berlin und Breslau. Eine Beziehungsgeschichte« sowie zuletzt (mit Dagmara Jajeśniak-Quast) »Die vergessene Grenze. Eine deutsch-polnische Spurensuche von Oberschlesien bis zur Ostsee« heraus.
www.uwe-rada.de